Prima edizione Maggio 2011

Stampato in Germania da CPI Books
Finito di stampare Maggio 2011
A cura di: *Annalisa Strada*
Progetto grafico: *Due mani non bastano*
Illustrazione di copertina: *Elena Giorgio*

ISBN 978-88-6526-019-7

Nord-Sud Edizioni

Frank L. Baum

Il MAGO di OZ

CHE C'È DA SAPERE IN PIÙ

Ecco i contenuti extra che vanno oltre la storia!

Lyman Frank Baum era uno degli otto fratelli che componevano la famiglia di un ricco petroliere americano.
Nacque nel 1856, ma fu il più sfortunato della famiglia perché soffriva di cuore. Il padre lo mandò comunque all'accademia militare, perché voleva che diventasse un 'uomo vero', ma Frank dovette poi fermarsi dopo un attacco cardiaco.
Nella sua vita provò a fare il tipografo con una macchina casalinga, provò a gestire piccole aziende di famiglia, ma senza successo e ritornò alla scrittura: un lavoro a lui congeniale, ma soprattutto tranquillo e quindi sicuro per il cuore.
Si sposò ed ebbe quattro figli.
Si stabilì nel Dakota, dove rilevò un giornale locale che scriveva personalmente quasi da cima a fondo.

Fu per i figli che cominciò a scrivere storie per i piccoli: la prima fu *Mamma Oca in Prosa*, e la seconda *Il libro di papà oca*. Entrambe furono illustrate da William Wallace Denslow, che divenne suo amico.
Dopo un ennesimo attacco di cuore, durante la convalescenza, Frank scrisse *Il mago di Oz* e Denslow lo illustrò.
I due amici lo pubblicarono a loro spese e da allora il successo fu enorme. Vennero vendute diecimila copie in una settimana e altre novantamila in un anno!

Frank scrisse altre avventure, dopo quel successo, ben quattordici libri. E quando morì, nel 1919, altri continuarono al posto suo le storie del mago di Oz, che divennero più di quaranta.

La prima rimane comunque la più bella. Quella che ora è un classico per ragazzi, allora era considerata l'alternativa alle fiabe classiche, senza fate, genietti e nani e soprattutto senza cacciatori, sgozzamenti sanguinosi e tagli nelle pance dei lupi cattivi. In effetti era una storia modernissima per quei tempi, che parlava di sogno e realtà e soprattutto aveva per protagonista un mago piuttosto insignificante, anzi un imbroglione, non un eroe che salva il mondo!
Il vero nome di Oz è Oscar Zoroaster Phadrig Isaac Norman Henkle Emmanuel Ambroise Digg: le prime due iniziali sono il suo soprannome e il nome del suo regno, ma le altre iniziali insieme formano la parola inglese *pinhead*, che tradotta significa *testadirapa*. Ecco quindi svelato il grande scherzo di Frank Lyman Baum.

Negli anni Trenta il libro viene un po' accantonato e giudicato troppo anarchico.
Perfino la Biblioteca Nazionale di New York lo ritira, ma ben presto nascono associazioni di ammiratori di Baum e delle sue opere: The International Wizard of Oz Club.

L'autore stesso, dopo il grande successo editoriale, si dedica alla preparazione di un musical che diventa uno dei più importanti spettacoli del primo Novecento. Per seguire questo lavoro Baum si trasferisce con tutta la famiglia a Hollywood.
In seguito, nel 1975, debutta a Broadway *The Wiz*, interpretato da attori neri, che ha più di tre milioni di spettatori.

Tra i film il più conosciuto è quello del 1939 di Victor Fleming, in cui Judy Garland interpreta Dorothy.

1 Il ciclone

Dorothy viveva tra le grandi praterie del Kansas, con zio Henry che faceva il contadino e zia Em, sua moglie. La casa era piccola perché il legno per costruirla era stato trasportato da molto lontano. Era composta da quattro pareti, un pavimento e un tetto che insieme formavano un'unica stanza; e in questa stanza c'era una vecchia stufa arrugginita, una credenza per i piatti, un tavolo, tre o quattro sedie e i letti. Zio Henry e zia Em dormivano in quello grande, in un angolo, mentre Dorothy ne aveva uno più piccolo nell'angolo opposto.

Non c'era né soffitta né cantina, a parte una buca scavata nel pavimento, chiamata "cantina da ciclone", dove la famiglia poteva rifugiarsi se si fosse scatenato uno di quei terribili uragani, tanto forti da abbattere qualsiasi costruzione avesse trovato sul suo percorso. Ci si poteva arrivare attraverso una botola sul pavimento, da cui una scala a pioli conduceva dentro il piccolo buco buio.

Se Dorothy si guardava intorno, in piedi sulla soglia di casa, vedeva ovunque solo la grande e noiosa prateria. Non c'era una sola casa o un albero a interrompere quella distesa di campagna piatta che si estendeva sino all'orizzonte in tutte le direzioni. Il sole aveva bruciato la terra arata tanto da renderla dura, grigia, spaccata da innumerevoli, sottili fenditure. Persino l'erba non era più verde, il sole ne aveva seccato i fili rendendoli grigi come tutto ciò che vi era lì intorno.

Un tempo la casetta era stata dipinta, ma il sole aveva stinto la vernice e la pioggia l'aveva lavata via e ora le pareti erano grigie e spente come tutto il resto.

Quando zia Em era venuta a vivere in quel posto era giovane e graziosa. Ma col tempo il sole e il vento avevano trasformato anche lei. Le avevano spento la scintilla che aveva negli occhi lasciandoli di un sobrio color grigio; avevano portato via il rosso delle guance e delle

labbra lasciando al suo posto un'altra sfumatura di grigio. Adesso era una donnina magra e smunta che non rideva mai.
Quando Dorothy, diventata orfana, era venuta a vivere con lei, zia Em era trasalita alle sue risate da bambina, tanto che ogni volta che la voce allegra di Dorothy arrivava alle sue orecchie lei soffocava un grido, portandosi le mani al petto; e anche ora che era passato del tempo, non riusciva a fare a meno di guardare con stupore la bambina, chiedendosi che cosa potesse mai avere da ridere.
Anche zio Henry non rideva mai. Lavorava duramente da mattina a sera e non sapeva cosa fosse l'allegria. Anche lui era tutto grigio, dalla lunga barba alla punta degli stivali, aveva un'aria solenne e severa e parlava di rado.
Se c'era qualcuno che faceva ridere Dorothy e l'aveva salvata dal diventare grigia come tutto il resto, questo era Toto. Lui non era affatto grigio; era un cagnolino nero, dal pelo lungo e lucente come seta, con due piccoli occhi neri che sprizzavano allegria ai due lati del suo buffo nasetto. Toto giocava tutto il giorno, e con lui Dorothy, che gli voleva un bene dell'anima.
Quel giorno, però, i due non stavano giocando.
Zio Henry, seduto sulla soglia, scrutava preoccupato il cielo, che sembrava ancora più grigio del solito. Anche Dorothy guardava il cielo, in piedi accanto a lui, con Toto in braccio. Zia Em invece stava lavando i piatti.
A un certo punto, da nord, udirono un cupo ululato del vento e zio e nipote videro l'erba della prateria ondeggiare e incurvarsi come prima dell'arrivo di un temporale. Subito dopo si udì un altro sibilo improvviso nell'aria da sud e, quando voltarono lo sguardo in quella direzione, videro incresparsi anche da quella parte. Zio Henry balzò in piedi.
"Sta per scatenarsi un ciclone, Em!" gridò alla moglie. "Vado a occuparmi degli animali." E corse verso il riparo delle mucche e dei cavalli.
Zia Em lasciò perdere ciò che stava facendo e si affacciò alla porta. Le bastò solo un'occhiata per rendersi conto del pericolo imminente.

"Presto, Dorothy!" gridò. "Corri in cantina."
Sotto la botola che si apriva sul pavimento c'era una scala a pioli per facilitare la discesa e mettersi rapidamente in salvo. Toto però saltò giù dalle braccia di Dorothy e si nascose sotto il letto, così lei gli corse dietro per riprenderlo.
Zia Em, spaventatissima, già aveva aperto la botola e scendeva lungo la scala a pioli nell'angusta buca buia. Dorothy riuscì alla fine ad afferrare Toto e si accinse a seguire la zia. Ma quando giunse a metà della stanza una folata di vento fortissima investì la casetta e lei perse l'equilibrio e cadde a sedere sul pavimento.
Poi accadde una cosa straordinaria. La casa ruotò due o tre volte su se stessa e si sollevò lentamente nell'aria. Dorothy ebbe l'impressione di volare su una mongolfiera.
Il vento del nord e quello del sud, scontrandosi proprio nel punto dove si trovava la casa, ne avevano fatto il centro del ciclone. Nell'occhio del ciclone l'aria in genere è ferma, ma la violenta pressione del vento da ogni lato sollevò la casetta sempre più in alto fino al vertice del ciclone; e lì rimase e fu trasportata per miglia e miglia lontano, come se fosse una piuma.
C'era un gran buio e il vento ululava spaventosamente, ma a Dorothy sembrò di viaggiare piuttosto comodamente. Dopo aver superato i primi momenti in cui la casa fece qualche giro su se stessa e si inclinò pericolosamente, Dorothy ebbe la sensazione di venir cullata dolcemente come un bambino nella culla.
A Toto, invece, la cosa non piacque affatto. Correva qua e là per la stanza, abbaiando; ma Dorothy rimase seduta sul pavimento ad aspettare il seguito di quell'avventura.
A un certo punto Toto si avvicinò troppo alla botola aperta e ci cadde dentro; Dorothy temette di averlo perduto per sempre. Ma dopo qualche istante vide un orecchio peloso spuntare dal buco: la pressione dell'aria nel ciclone era riuscita a sostenere il cagnolino, impedendogli di cadere. Allora la bambina strisciò verso il buco, lo afferrò per l'orecchio e lo trasse in salvo sul pavimento; poi, per evitare altri incidenti, chiuse ben bene la botola.

Passarono le ore e Dorothy cominciò a superare lo spavento; ma cominciò anche a sentirsi sola; il vento continuava a ululare così forte che temette di diventare sorda. In principio aveva pensato di finire a pezzi quando la casa sarebbe ripiombata a terra; ma, man mano che le ore passavano e non succedeva niente di terribile, smise di preoccuparsi e decise di aspettare con calma e vedere che cosa sarebbe successo. Alla fine strisciò sul pavimento oscillante fino al suo letto e ci si sdraiò, subito imitata da Toto.
Incurante del dondolio della casa e del rumore del vento Dorothy presto chiuse gli occhi e si addormentò.

2 Nel paese dei Munchkin

Dorothy fu svegliata da un gran colpo, così forte e improvviso che, se non fosse stata sdraiata sul suo lettino morbido, avrebbe potuto farsi male. Invece, lo scossone le fece trattenere il respiro chiedendosi che cosa fosse successo, mentre Toto le strofinava il nasetto freddo contro una guancia e guaiva, spaventato.

Si alzò a sedere e notò che la casa non si muoveva più, non era più buio pesto, ma la luce del sole, entrando dalla finestra, illuminava tutta la stanza. Subito si alzò dal letto e, con Toto alle calcagna, corse ad aprire la porta.

La bambina non poté trattenere un grido di stupore alla vista dello spettacolo stupendo che le si parava dinnanzi.

Il ciclone aveva deposto a terra la casetta molto delicatamente, per essere un ciclone, nel bel mezzo di una campagna meravigliosa. Tutto intorno c'erano adorabili praticelli punteggiati da alberi maestosi carichi di frutta succulenta. Ovunque sbocciavano fiori dai colori sgargianti, uccelli dalle rare piume variopinte volavano cantando tra gli alberi e i cespugli. Poco lontano, un torrente scorreva spumeggiante tra le rive erbose con un fruscio dolce che suonava come musica alle orecchie di una bambina abituata alle praterie secche e grigie da cui proveniva.

Mentre Dorothy se ne stava entusiasta ad ammirare quel paesaggio tanto bello quanto insolito, notò un gruppetto di persone che venivano verso di lei. Erano gli individui più bizzarri che avesse mai visto: non avevano la statura di un adulto, ma non erano nemmeno troppo piccoli. Erano alti più o meno come Dorothy, che era una bambina ben cresciuta per la sua età, ma sembravano molto più vecchi di lei.

Erano tre uomini e una donna, tutti vestiti in modo curioso. Portavano sulla testa dei cappelli a cono alti un paio di spanne con dei campanellini tutto intorno alla tesa che tintinnavano dolcemente

a ogni movimento. Quelli degli uomini erano blu, mentre quello della donna era bianco. La donna indossava una veste dello stesso colore che le scendeva a pieghe dalle spalle. L'abito era spruzzato di piccole stelle che luccicavano al sole come diamanti. Gli uomini invece erano vestiti della stessa tonalità di blu dei loro cappelli, e calzavano degli stivali lucidissimi con la punta blu. Dorothy pensò che dovevano avere più o meno la stessa età di zio Henry e, come lui, due di loro portavano la barba.
La donnina invece era di certo molto più vecchia. Aveva il viso coperto di rughe, i capelli bianchi e camminava con difficoltà.
Quando furono vicini alla casetta di Dorothy, i quattro si fermarono e si misero a sussurrare qualcosa tra loro, come se non avessero coraggio di proseguire. Alla fine l'anziana donnina fece qualche passo avanti, si inchinò e disse con dolcezza: "Sii la benvenuta, nobilissima maga, nel paese dei Munchkin. Ti siamo infinitamente grati perché hai ucciso la perfida Strega dell'Est liberando il nostro popolo dalla schiavitù".
Dorothy ascoltava, stupita. Che cosa intendeva quella vecchina chiamandola maga e dicendo che aveva ucciso la perfida Strega dell'Est? Lei era solo una bambina innocua e innocente che il ciclone aveva trasportato per miglia e miglia lontano da casa: e non aveva mai ucciso niente e nessuno in tutta la sua vita.
Intanto la vecchina si aspettava una risposta da lei. Allora, esitando, disse: "Lei è molto gentile, signora, c'è un errore: io non ho mai ucciso nessuno".
"La tua casa sì, però" replicò la donnina ridendo. "Il che, in fondo, è la stessa cosa. Guarda tu stessa" continuò poi, indicando l'angolo della casa. "Ci sono due piedi che spuntano sotto quel blocco di legno."
Dorothy guardò e gridò di spavento. Sotto l'angolo della grossa trave su cui poggiava tutta la casa spuntavano due piedi calzati di scarpe d'argento appuntite.
"Misericordia!" esclamò Dorothy torcendosi le mani per la disperazione. "La casa deve esserle piombata addosso. E adesso che facciamo?"

“Non c’è più niente da fare” rispose la donnina, tranquilla.
“Ma... chi era?” chiese Dorothy.
“Come ti ho già detto, era la perfida Strega dell’Est” rispose l’altra. “Ha tenuto in suo potere i Munchkin per molti anni, costringendoli a lavorare come schiavi per lei giorno e notte. Ora sono finalmente liberi e ti sono grati per il favore.”
“E chi sono i Munchkin?” volle sapere Dorothy.
“Il popolo che abita in queste terre dell’Est che erano sotto il potere della perfida strega.”
“Anche lei è una Munchkin?” chiese Dorothy.
“No, ma sono loro amica, malgrado io viva nelle terre del Nord. Quando i Munchkin hanno visto che la Strega dell’Est era morta, mi hanno inviato immediatamente un messaggio, e io sono venuta subito. Io sono la Strega del Nord.”
“Oh, povera me!” gridò Dorothy. “Lei è proprio una strega?”
“Ma certo” rispose la piccola donna. “Però sono una strega buona e tutti mi vogliono bene. Purtroppo non sono potente come la perfida Strega dell’Est che dominava queste terre, altrimenti avrei provveduto io stessa a liberare questo popolo.”
“Ma io credevo che tutte le streghe fossero cattive” disse la bambina, ancora spaventata all’idea di trovarsi faccia a faccia con una vera strega.
“Ah, no. Sei in errore. Nel Paese di Oz c’erano solo quattro streghe e due di loro, quelle che abitano a nord e a sud, sono buone. Lo so per certo perché una delle due sono io, non posso certo sbagliarmi. Quelle che abitavano a est e a ovest invece erano entrambe malvagie; ma ora che tu hai ucciso una di loro, di streghe cattive nel Paese di Oz ne resta una soltanto: quella dell’Ovest.”
“Ma” disse Dorothy dopo aver meditato per qualche istante, “zia Em mi ha detto che tutte le streghe sono morte, tanti e tanti anni fa.”
“Chi è zia Em?” domandò la vecchina.
“È mia zia, che vive nel Kansas. Anch’io abitavo là.”
La Strega del Nord parve riflettere per un attimo, con la testa china

e lo sguardo rivolto a terra. Poi sollevò il capo e disse: "Non so dove si trovi il Kansas, perché non ne ho mai sentito parlare prima. E dimmi, è un paese civile?"

"Oh, sì!" rispose Dorothy.

"Allora adesso mi spiego tutto. Nei paesi civili ormai non ci sono più né streghe né fate, né maghi né stregoni. Ma vedi, il regno di Oz invece non è mai stato civilizzato perché è sempre stato tagliato fuori dal resto del mondo. Per questo qui da noi ci sono ancora streghe e maghi."

"Ma i maghi chi sono?" chiese Dorothy.

"Lo stesso Oz è il grande mago" rispose la Strega del Nord, abbassando la voce. "È più potente di tutte noi streghe messe insieme e vive nella Città di Smeraldo."

Dorothy stava per fare un'altra domanda, quando i tre Munchkin che fino a quel momento non avevano aperto bocca lanciarono un grido, indicando il punto da cui poco prima spuntavano i piedi della perfida strega.

"Che succede?" chiese la vecchina. Poi guardò anche lei e scoppiò a ridere: i piedi della strega morta erano scomparsi e restavano solo le scarpette d'argento.

"Era così vecchia" spiegò la Strega del Nord "che il sole l'ha polverizzata in un batter d'occhio. È la sua fine. Ma le scarpette sono tue, bambina. Indossale." Poi si chinò, le raccolse e le porse a Dorothy.

"La Strega dell'Est andava fiera delle sue scarpette d'argento e io credo che abbiano dei poteri magici; quali, però, non siamo mai riusciti a saperlo" le spiegò uno dei Munchkin.

Dorothy le prese, entrò in casa, e le depose sul tavolo. Poi tornò fuori e chiese ai Munchkin: "Vorrei tanto tornare dai miei zii, sono certa che sono molto preoccupati per me. Mi potete aiutare a ritrovare la strada?"

I Munchkin e la Strega del Nord si scambiarono un'occhiata, poi guardarono Dorothy e scossero la testa.

Uno disse: "A est, non lontano da qui, c'è un immenso deserto che nessuno è mai riuscito ad attraversare".

"Lo stesso al sud" aggiunse un altro. "Io lo so perché ci sono stato e l'ho visto coi miei occhi. Il Sud è il paese dei Quadling."
"Io ho sentito dire che anche all'ovest è uguale" intervenne il terzo. "Il paese è abitato dai Winkie e vi regna la perfida Strega dell'Ovest. Se tu ci mettessi piede, verresti subito fatta sua prigioniera."
"Il Nord è il mio paese" disse la vecchia signora "e anch'esso confina con l'immenso deserto che circonda l'intero regno di Oz. Ho paura, mia cara, che tu debba rimanere per sempre qui con noi."
Dorothy a queste parole cominciò a piangere, perché si sentiva terribilmente sola in mezzo a quelle strane creature. Le sue lacrime toccarono il cuore dei buoni Munchkin che tirarono fuori i fazzoletti e si misero a singhiozzare anche loro. La vecchina, invece, si tolse il cappello e lo tenne in equilibrio sul naso per la punta. E poi si mise a contare con tono solenne: "Uno, due, tre".
D'improvviso il cappello si trasformò in una minuscola lavagna sulla quale c'era una scritta a grandi lettere, con il gessetto bianco:

DOROTHY VAI ALLA CITTÀ DI SMERALDO

La vecchina si avvicinò la lavagna al naso e, dopo aver letto, chiese: "Ti chiami Dorothy, cara?"
"Sì" rispose la bambina, guardando in su mentre si asciugava le lacrime.
"Allora devi andare alla Città di Smeraldo. Forse il Mago Oz ti aiuterà."
"E dov'è questa città?" domandò Dorothy.
"È esattamente al centro del regno, è Oz che la governa, il grande mago di cui ti ho parlato."
"È un uomo buono?" chiese la bambina in ansia.
"È un mago buono. Se sia un uomo oppure no non te lo so proprio dire, perché non l'ho mai incontrato."
"Come faccio a raggiungerlo?" domandò Dorothy.
"Devi andarci a piedi. È un viaggio molto lungo, attraverso un paese ora bellissimo, ora cupo e spaventoso. Comunque, io userò tutte

le arti magiche che posseggo per tenerti lontana dai guai."
"Non verrà anche lei con me?" implorò la bambina che, nel frattempo, aveva cominciato a vedere quella vecchina come la sua unica amica in quel luogo.
"No, non posso" le rispose. "Ma ti darò il mio bacio e nessuno oserà far del male a chi è stato baciato dalla Strega del Nord."
Si avvicinò a Dorothy e la baciò delicatamente sulla fronte. Nel punto in cui le labbra avevano sfiorato la pelle della bambina apparve un'impronta rotonda e lucente.
"La strada per giungere alla Città di Smeraldo è lastricata di pietre gialle" le rivelò la strega. "Non puoi smarrirti. Quando sarai al cospetto di Oz non aver paura di lui, raccontagli la tua storia e chiedigli aiuto. Arrivederci, piccola cara."
I tre Munchkin si inchinarono a Dorothy augurandole buon viaggio, poi si incamminarono fino a scomparire presto tra gli alberi.
La Strega del Nord le fece un cenno amichevole con la testa, poi girò per tre volte sul tacco sinistro e scomparve, con grande sorpresa di Toto che si mise ad abbaiare rumorosamente, mentre fino a quel momento aveva avuto tanta paura da non lasciarsi sfuggire neanche un lieve guaito.
Dorothy, invece, sapendo che era una strega, si era aspettata che scomparisse proprio in quel modo e non ne fu per nulla sorpresa.

3 Dorothy salva lo Spaventapasseri

Quando Dorothy rimase sola cominciò a sentirsi affamata. Andò alla credenza, tagliò una fetta di pane e la spalmò di burro. Poi ne diede un po' a Toto e, dopo aver recuperato un secchio, attinse dell'acqua limpida dal torrente. Toto, intanto, era corso verso gli alberi e stava abbaiando agli uccellini appollaiati sui rami; Dorothy corse a riprenderlo e vide della frutta succosa che subito raccolse: proprio quello che ci voleva per la sua colazione. Poi rientrò in casa e, dopo aver gustato con Toto quell'acqua fresca e pulita, cominciò a prepararsi per il viaggio alla Città di Smeraldo.

Oltre a quello che indossava, Dorothy possedeva solo un altro vestito. Per fortuna era pulito e se ne stava appeso a un gancio accanto al letto. Era di percallina a quadretti bianchi e blu e, sebbene il blu si fosse stinto a furia di essere lavato, era ancora un bel vestitino.

La bambina si lavò con cura, indossò il vestito pulito e si appuntò sui capelli una cuffietta rosa. Prese un cestino e vi mise dentro il pane avanzato, coprendolo con un tovagliolo bianco. Poi dette un'occhiata ai suoi piedi e vide che le scarpe erano proprio in cattive condizioni, tutte logore e sciupate.

"Non reggeranno a un lungo viaggio, Toto" disse al cagnolino. Toto la guardò con quei suoi occhietti neri e le scodinzolò, per farle intendere che aveva capito.

A quel punto Dorothy posò lo sguardo sulle scarpette d'argento della perfida Strega dell'Est che erano appoggiate sul tavolo.

"Chissà se sono della mia misura" disse a Toto. "Sarebbero proprio l'ideale per un lungo viaggio, perché, essendo d'argento, non si possono consumare."

Si tolse le vecchie scarpe di pelle e provò quelle d'argento che le calzavano a meraviglia, quasi fossero state fatte proprio per lei. Prese sottobraccio il panierino ed esclamò: "Su, Toto. Andiamo alla Città di Smeraldo a chiedere al grande Mago Oz come tornare a casa nel Kansas".

Poi chiuse la porta e ripose la chiave nella tasca del vestito. E così, con Toto che le trotterellava alle calcagna, si mise in cammino.
Lì intorno c'erano molte strade, ma non le fu difficile trovare quella lastricata di pietre gialle. In breve si trovò a camminare di buona lena verso la Città di Smeraldo, con le scarpette d'argento che tintinnavano allegre sulla strada gialla.
Il sole splendeva e gli uccellini cinguettavano e Dorothy non si sentiva certo triste come si potrebbe immaginare per una bambina che è appena stata trascinata via dal proprio paese per piombare in un luogo bizzarro come quello.
Mentre camminava si stupiva di quanto fosse bello quel posto.
La strada costeggiava dei campi di grano e degli orti e ai due lati c'erano degli steccati dipinti di un azzurro brillante.
A quanto pareva, i Munchkin dovevano essere dei bravi agricoltori, capaci di raccogliere messi abbondanti.
Di quando in quando incontrava delle case e gli abitanti si precipitavano fuori per vedere chi fosse e per farle un inchino mentre se ne andava; tutti infatti sapevano che era stata lei a eliminare la strega cattiva e a liberarli. Le case dei Munchkin erano piuttosto singolari: tondeggianti, con i tetti fatti a cupola e tutte quante dipinte d'azzurro, il colore favorito della terra dell'Est.
Verso sera, quando Dorothy era ormai stanca per il lungo cammino e cominciava a chiedersi dove avrebbe trascorso la notte, si imbatté in una casa più grande delle altre. Sul prato c'erano uomini e donne che ballavano. Cinque piccoli violinisti suonavano il più rumorosamente possibile e la gente rideva e cantava, mentre su un grande tavolo facevano bella mostra di sé noci, frutta, torte e pasticcini, e molte altre cose buone da mangiare.Tutti la accolsero con cortesia e la invitarono a rifocillarsi e a fermarsi per la notte con loro; quella era la dimora di uno dei più ricchi Munchkin del paese che, quella sera, aveva riunito gli amici per festeggiare la liberazione dalla tirannia della perfida strega.
Dorothy mangiò finché non fu sazia, servita dal padrone di casa in persona, che di nome faceva Boq. Poi sedette su un divano a

guardare la gente che ballava. Quando Boq notò le sue scarpette d'argento le disse: "Tu devi essere proprio una grande maga!"
"Perché?" chiese Dorothy.
"Perché calzi le scarpette d'argento e perché hai ucciso la perfida Strega dell'Est. E poi, c'è del bianco nel tuo vestito, e solo le streghe e le maghe indossano quel colore."
"Ma il mio vestito è bianco a quadretti blu" gli fece notare Dorothy, lisciandone le pieghe.
"È gentile da parte tua. Il blu è il colore dei Munchkin, il bianco è il colore delle streghe: questo significa che sei una strega amica."
Dorothy non sapeva proprio cosa rispondere: tutti la credevano una strega potente e lei invece sapeva bene di essere solo una bambina giunta in quel bizzarro paese a causa di un ciclone.
Quando si fu stancata di ammirare i ballerini, Boq la condusse in casa e le diede una bella camera da letto; le lenzuola erano blu e Dorothy ci dormì dentro saporitamente fino al mattino con Toto raggomitolato accanto al letto su un tappetino blu.
Al risveglio fece un'abbondante colazione e si mise a guardare un minuscolo bambino Munchkin che giocava con Toto, gli tirava la coda, faceva gridolini di gioia e rideva in un modo che la divertì molto. Toto incuriosiva proprio tutti, perché prima di allora nessuno aveva mai visto un cane.
Poi Dorothy chiese al suo ospite: "Quanto è lontana la Città di Smeraldo?"
"Non lo so" rispose Boq serio. "Non ci sono mai stato. È meglio starsene alla larga da Oz, a meno che non si abbiano affari importanti da sbrigare con lui in persona. Comunque la Città di Smeraldo è molto distante, ti ci vorranno diversi giorni di cammino per raggiungerla. Qui, come vedi, la campagna è fertile e piacevole, ma prima di arrivare alla fine del tuo viaggio dovrai attraversare luoghi pericolosi e selvaggi."
Quelle notizie la preoccuparono un po', ma d'altronde Dorothy sapeva che solo il grande Oz avrebbe potuto aiutarla a tornare nel Kansas, perciò si fece coraggio e decise di proseguire.

Salutò gli amici e riprese il cammino lungo la strada lastricata di pietre gialle.
Dopo aver percorso parecchie miglia, decise di fermarsi un po' per riposare. Si arrampicò sullo steccato blu che costeggiava la strada e si sedette. Al di là del recinto si stendeva un gran campo di granoturco e, proprio lì in mezzo, vide uno Spaventapasseri, infilato su un palo per tenere lontani gli uccelli. Dorothy, con il mento appoggiato sulla mano, lo osservò a lungo pensierosa.
La testa era un sacchetto di tela riempito di paglia sul quale erano stati dipinti gli occhi, il naso e la bocca a rappresentare una faccia. Un vecchio cappello a cono, blu, che doveva essere appartenuto a qualche Munchkin, era fissato sopra la testa, mentre il corpo era coperto da un vestito blu, logoro e sbiadito, anch'esso ben imbottito di paglia e ai piedi calzava un paio di stivali con la punta blu, uguali a quelli usati da tutti gli abitanti del paese. Il fantoccio dominava il gran campo di granoturco dall'alto del palo che aveva conficcato nella schiena.
Mentre fissava seria quella buffa faccia dipinta, a Dorothy sembrò che uno degli occhi ammiccasse. All'inizio pensò di essersi sbagliata: in Kansas non aveva mai visto spaventapasseri che ammiccavano. Ma di lì a poco il fantoccio inclinò la testa con aria amichevole. Allora Dorothy saltò giù dallo steccato e raggiunse lo Spaventapasseri, mentre Toto correva intorno al palo abbaiando.
"Buongiorno" disse lo Spaventapasseri con voce un po' rauca.
"Hai parlato?" chiese Dorothy, stupita.
"Ma certo" rispose quello. "Come stai?"
"Bene, grazie" disse Dorothy educatamente "E tu, come stai?"
"Non troppo bene" rispose lo Spaventapasseri con un sorriso. "È proprio noioso starsene notte e giorno infilzato quassù a spaventare gli uccelli."
"Non puoi scendere?" chiese Dorothy.
"No. Vedi? Ho un palo infilato nella schiena. Se tu fossi così gentile da aiutarmi a liberarmene te ne sarei proprio grato."
Dorothy alzò le braccia e sollevò lo Spaventapasseri dal palo; non

fece per niente fatica perché riempito di paglia com'era, pesava pochissimo.
"Ti ringrazio tanto" disse lo Spaventapasseri non appena si fu seduto a terra. "Ora mi sento proprio un altro."
Dorothy era davvero confusa, era insolito per lei sentir parlare un fantoccio impagliato e vederlo compitamente chinarsi e camminare al suo fianco.
"E tu chi sei?" chiese lo Spaventapasseri dopo essersi stirato e aver fatto un grande sbadiglio. "E dove stai andando?"
"Mi chiamo Dorothy e sono diretta alla Città di Smeraldo per chiedere al grande Oz di farmi tornare nel Kansas."
"Dov'è questa Città di Smeraldo?" volle sapere lo Spaventapasseri. "E chi è Oz?"
"Perché, non lo sai?" si stupì Dorothy.
"Certo che no. Io non so niente di niente. Lo vedi anche tu, ho la testa piena di paglia e non ho cervello" rispose il fantoccio triste.
"Oh, poverino! Mi dispiace tanto."
"Credi che, se venissi con te alla Città di Smeraldo, il grande Oz mi darebbe un po' di cervello?"
"Non saprei. Ma puoi accompagnarmi, se ti va. Se anche Oz non ti dovesse dare il cervello non staresti peggio di adesso, non credi?"
"È proprio vero" disse lo Spaventapasseri in confidenza. "Vedi, a me non importa di avere le braccia, le gambe, tutto il corpo, insomma, pieno di paglia perché non posso farmi male. Se qualcuno mi pesta i piedi o mi punge con uno spillo non fa niente, perché non sento nulla. Ma non mi va che la gente mi consideri uno stupido. E se al posto del cervello la mia testa è piena di paglia, come posso imparare qualcosa?"
"Capisco cosa provi" disse Dorothy, che davvero provava una gran pena per il poverino. "Se vieni con me, chiederò al Mago Oz di fare tutto il possibile per te."
"Grazie" disse lo Spaventapasseri, pieno di gratitudine.
E così tornarono sulla strada. Dorothy lo aiutò a superare lo steccato, poi fianco a fianco si incamminarono lungo la strada lastricata di pietre gialle che portava alla Città di Smeraldo.

A Toto non piacque questa nuova compagnia, perlomeno all'inizio. Annusò a lungo lo Spaventapasseri, quasi pensasse che, nascosto tra la paglia, ci fosse un nido di topi e gli ringhiò in tono tutt'altro che amichevole.

"Non far caso a Toto" disse Dorothy al suo nuovo amico. "Non morde."

"Oh, io non mi preoccupo per niente" ribatté l'altro. "Non può mica rovinare la paglia! Dammi piuttosto quel cestino che porti al braccio. Non mi farà fatica portarlo, io non mi stanco mai. Senti, voglio confidarti un segreto" continuò lo Spaventapasseri, mentre camminavano. "C'è una sola cosa al mondo che mi fa paura."

"Che cosa?" chiese Dorothy. "Il Munchkin che ti ha costruito?"

"No" rispose lo Spaventapasseri. "Un fiammifero acceso."

4 Il sentiero nella foresta

Dopo qualche ora la strada cominciò a farsi più accidentata e camminare diventò sempre più faticoso, tanto che il povero Spaventapasseri inciampò più volte nelle pietre gialle irregolari. In alcuni punti erano rotte, in altri mancavano del tutto; al loro posto c'erano delle buche che Toto saltava e Dorothy superava girandoci intorno. Lo Spaventapasseri invece, senza cervello com'era, proseguiva dritto, metteva il piede in fallo e cadeva per terra lungo disteso. Per fortuna non si faceva mai male e Dorothy era sempre lì pronta a rialzarlo; poi tutti e due ridevano di quei piccoli incidenti.
Le fattorie lungo quel tratto di strada cominciavano a essere sempre meno graziose e ben tenute, c'erano meno case e gli alberi da frutta si facevano sempre più radi; più i tre procedevano, più il paesaggio intorno a loro si faceva cupo e solitario.
A mezzogiorno sedettero sul ciglio della strada, vicino a un piccolo ruscello, e Dorothy tirò fuori dal cestino un po' di pane. Ne offrì un po' allo Spaventapasseri, che però rifiutò.
"Io non ho mai fame" disse. "E questa è proprio una fortuna. La mia bocca è dipinta e se ci facessi un buco per mangiare, la paglia di cui sono imbottito uscirebbe fuori e io rovinerei la forma della mia testa."
Dorothy annuì e continuò a mangiare il suo pane.
"Raccontami qualcosa di te e del tuo paese" le chiese lo Spaventapasseri, dopo che lei ebbe finito di mangiare.
Dorothy raccontò del Kansas, di quanto fosse tutto grigio lì e del ciclone che l'aveva trasportata in quello strano paese di Oz.
Lo Spaventapasseri l'ascoltò con attenzione, poi disse: "Non capisco proprio perché vuoi lasciare questa terra così bella e tornare in quel posto grigio e arido che chiami Kansas".
"Non capisci perché non hai cervello" ribatté Dorothy. "Non importa quanto sia grigia e noiosa la nostra casa, noi gente in carne e

ossa la preferiamo a qualsiasi altro luogo, per bello che sia. Non c'è nessun posto come la propria casa."

Lo Spaventapasseri sospirò. "È naturale che io non possa capirlo. Ma se voi gente in carne e ossa aveste la testa piena di paglia come me, abitereste tutti in posti bellissimi e il Kansas sarebbe completamente deserto. È proprio una fortuna per il Kansas che tanta gente abbia del cervello."

"Mi racconti una storia mentre riposiamo?" chiese Dorothy.

Lo Spaventapasseri la guardò pieno di vergogna e rispose: "La mia vita è così breve che non ho ancora imparato nulla. Sono stato costruito solo l'altroieri e non so niente di quello che è accaduto nel mondo prima di allora. Per fortuna, quando il contadino mi ha fatto la testa, per prima cosa ha pensato alle orecchie, così ho potuto subito ascoltare quello che accadeva intorno a me. C'era un altro Munchkin con lui e la prima cosa che ho sentito è stato il contadino che gli chiedeva: 'Che te ne pare di queste orecchie?'

'Non sono ben dritte' ha risposto l'altro.

'Non importa' ha detto il contadino, 'sempre orecchie sono.'

E aveva proprio ragione. Poi ha detto: 'Ora gli faccio gli occhi' e ha dipinto il mio occhio destro e, non appena ha finito, mi sono ritrovato a guardarmi intorno, pieno di curiosità: era il mio primo sguardo sul mondo! Il Munchkin che osservava il lavoro dell'amico ha detto: 'È proprio un bell'occhio. Il blu è il colore giusto'.

'Credo che l'altro lo farò un po' più grande' ha ripreso il contadino. E così, quando ha finito di dipingere il secondo occhio ho cominciato a vederci molto meglio di prima. Poi è stata la volta del naso e infine della bocca. Però allora non ho parlato, perché non sapevo a che cosa servisse la bocca. In compenso mi sono divertito a osservare il contadino e il suo amico che mi costruivano il tronco, le braccia e le gambe. E quando poi mi hanno attaccato la testa al collo, mi son sentito molto orgoglioso, perché mi sembrava di essere proprio uguale a tutti gli altri esseri umani.

'Questo fantoccio spaventerà tutti gli uccelli dei dintorni!' ha commentato il contadino 'Ha proprio l'aspetto di un uomo.'

'Come? Lui è davvero un uomo' ha obiettato l'altro e io mi sono trovato completamente d'accordo con lui.
Poi il contadino mi ha preso sottobraccio, mi ha portato nel campo di granoturco e mi ha infilato per la schiena su quel palo dove mi hai trovato tu. Subito dopo lui e il suo amico se ne sono andati e mi hanno lasciato solo. Io non volevo essere abbandonato a quel modo. Ho tentato di seguirli, ma non riuscivo a toccar terra con i piedi e così sono stato costretto a restare fisso sul palo.
Mi si prospettava un'esistenza solitaria, non avevo niente a cui pensare, essendo stato fabbricato così poco tempo prima. Nel campo di granoturco hanno cominciato ad arrivare molti corvi e altri uccelli, ma non appena mi vedevano scappavano via spaventati credendo che fossi un Munchkin in carne e ossa. E questo, lo confesso, mi faceva piacere perché mi faceva sentire una persona importante.
Ogni tanto mi volava intorno un vecchio corvo che, dopo avermi scrutato ben bene, si è appollaiato sulla mia spalla e ha detto: 'Mi chiedo se quel contadino pensava di imbrogliarmi in questa maniera maldestra. Qualsiasi corvo con un minimo di buon senso si accorgerebbe che sei solo un fantoccio pieno di paglia!'
Poi è volato ai miei piedi e si è rimpinzato con tutto il granoturco che ha voluto. Gli altri uccelli, nel vedere che non mi muovevo per scacciare quel corvo, sono venuti anche loro a mangiare il granoturco e in breve intorno a me se ne sono radunati interi stormi. A questo punto mi sono sentito terribilmente triste: come spaventapasseri ero un vero fallimento. Ma il vecchio corvo ha trovato il modo di consolarmi e mi ha detto: 'Se solo tu avessi un cervello, allora saresti un uomo come gli altri, anzi, meglio di molti. L'unica cosa che conti davvero qualcosa al mondo è il cervello. Sia che tu sia un uomo che un corvo'.
Quando i corvi se ne sono andati ho riflettuto sulle sue parole e ho deciso di tentare con ogni mezzo di procurarmi un po' di questo cervello. Per fortuna poi sei passata tu, Dorothy, e mi hai tirato giù dal palo. Da quel che mi dici, sono certo che, non appena giunti alla Città di Smeraldo, il grande Oz mi concederà un po' di questo tanto sospirato cervello".

"Lo spero anch'io" disse Dorothy con fervore, "visto che ci tieni tanto."
"Oh, sì, tantissimo" rispose lo Spaventapasseri. "È così brutto sentirsi stupido."
"Bene, allora rimettiamoci in cammino" disse Dorothy. E affidò nuovamente il suo cestino allo Spaventapasseri.
Ora la strada non era più costeggiata da steccati e la campagna si faceva sempre più brulla e desolata.
Verso sera i tre arrivarono a una grande foresta così fitta che i rami degli alberi, intrecciandosi, formavano una vera e propria galleria verde sopra la strada lastricata di pietre gialle. Lì sotto era quasi buio, perché i rami impedivano il passaggio ai raggi del sole; ma i tre viaggiatori non si fermarono e si infilarono dritti nel fitto del bosco.
"Se questa strada entra nella foresta, allora prima o poi ne uscirà anche" disse lo Spaventapasseri. "E siccome la Città di Smeraldo si trova all'altro capo della strada, dobbiamo seguirla ovunque ci porti."
"Questo è scontato. Lo sanno tutti!" disse Dorothy.
"Giusto. Proprio per questo l'ho capito anch'io" ribatté lo Spaventapasseri. "Se ci fosse voluto del cervello per arrivare a questa conclusione, non ci sarei mai arrivato."
Un'ora più tardi la luce scomparve del tutto lasciandoli lì a inciampare nell'oscurità. Dorothy non vedeva più niente. Toto invece non aveva problemi perché certi cani riescono a orientarsi anche al buio. Quanto allo Spaventapasseri, affermò di vederci bene quanto di giorno. Così Dorothy si attaccò al suo braccio e il gruppo proseguì senza problemi.
"Se vedi una casa o un posto qualunque dove possiamo passare la notte, avvertimi" raccomandò Dorothy, "perché camminare a lungo in questo posto mi mette molto a disagio."
Dopo poco lo Spaventapasseri si fermò.
"Vedo una capanna alla nostra destra" avvertì. "È fatta di travi e rami secchi. Ci fermiamo là?"

"Sì, certamente" rispose la bambina. "Sono stanca morta."
Lo Spaventapasseri allora la guidò attraverso il bosco fino a raggiungere la capanna. Dorothy ci entrò e vide in un angolo un letto fatto di foglie secche, ci si sdraiò sopra e con Toto acciambellato al suo fianco, cadde subito in un sonno profondo. Lo Spaventapasseri, che non era mai stanco, rimase in piedi nell'angolo opposto e attese paziente fino allo spuntar dell'alba.

5 Il salvataggio dell'Uomo di Latta

Quando Dorothy si svegliò, il sole splendeva filtrando i suoi raggi attraverso le foglie degli alberi e Toto rincorreva già da un po' scoiattoli e uccellini. La bambina si sedette e si guardò intorno. Lo Spaventapasseri, ancora immobile nel suo angolo, aspettava paziente che lei si alzasse.

"Dobbiamo andare a cercare dell'acqua" gli disse.

"Perché vuoi dell'acqua?" chiese il fantoccio.

"Per lavarmi il viso dopo tutta la polvere della strada e per bere, altrimenti il pane secco mi si fermerà nella gola."

"Dev'essere proprio scomodo essere di carne e ossa" disse lo Spaventapasseri, pensieroso. "Bisogna dormire, mangiare, bere. Però gli esseri umani hanno un cervello. Vale senz'altro la pena di sopportare tutte queste cose pur di poter pensare come si deve."

Uscirono dalla capanna, si inoltrarono tra gli alberi finché non trovarono una piccola sorgente di acqua limpidissima. Dorothy si lavò, bevve e consumò la sua colazione. Notò che nel cestino ormai era rimasto poco pane e fu felice di non averlo dovuto dividere con lo Spaventapasseri, perché era appena sufficiente a sfamare lei e Toto per quel giorno.

Quando Dorothy finì di far colazione, mentre stava per andare verso la strada lastricata di pietre gialle per riprendere il cammino, si fermò di botto: aveva sentito un lungo gemito, a poca distanza.

"Che cos'era?" chiese preoccupata.

"Non lo so" disse lo Spaventapasseri. "Comunque, possiamo andare a vedere."

Ci fu un altro gemito, che sembrava provenire da un punto alle loro spalle. Si voltarono e, fatti pochi passi nella foresta, l'attenzione di Dorothy fu attratta da qualcosa che luccicava alla luce del sole che penetrava tra il fogliame. Corse in quella direzione e si fermò di botto con un gridolino di sorpresa. Uno degli alberi più maestosi era stato spaccato a metà e, lì accanto, c'era un uomo interamente fatto di latta con un'ascia sollevata tra le mani. La testa, le braccia e le gambe erano connesse con il tronco, ma ciò nonostante se ne stava fermo in quella scomoda posizione, senza fare il minimo movimento. Dorothy lo guardò stupita e così pure lo Spaventapasseri. Toto invece, abbaiando furiosamente, corse ad addentare quelle gambe di latta e si procurò così un bel mal di denti.

"Eri tu che ti lamentavi?" chiese Dorothy.

"Sì, proprio io" rispose l'uomo di latta. "È più di un anno che gemo e mi lamento, ma fino a questo momento nessuno mi aveva mai dato ascolto. E nessuno è corso in mio aiuto."

"Cosa posso fare per te?" disse Dorothy con dolcezza, commossa dal tono triste dell'uomo di latta.

"Potresti cercare un oliatore e ungermi le giunture. Sono così arrugginite che non posso più muoverle, ma basterà lubrificarle e tornerò come nuovo. Ne troverai uno sopra la mensola nella mia capanna."

Dorothy corse alla capanna e trovò l'oliatore. Subito tornò dall'uomo di latta e domandò preoccupata: "Dove si trovano le tue giunture?"

"Ungimi il collo per prima cosa" rispose l'Uomo di Latta.

Lei obbedì. Le giunture in quel punto erano talmente arrugginite che lo Spaventapasseri dovette afferrare la propria testa e girarla delicatamente da un lato all'altro più volte, finché l'attrito non si ridusse e lui riuscì a muoverla da solo.

"Adesso potresti ungermi le giunture delle braccia?" disse.

Dorothy obbedì e lo Spaventapasseri riuscì finalmente a piegarle con cura finché, liberate dalla ruggine che le bloccava, le braccia tornarono come nuove. Con un sospiro di sollievo abbassò l'ascia e l'appoggiò contro l'albero.

"Finalmente. È una vera liberazione!" esclamò. "Ero in quella posizione da quando mi sono arrugginito e sono molto felice di essere riuscito a poggiare quell'ascia alla fine. Ora, se mi aiuterai ancora a oliare le gambe, mi sentirò finalmente bene, dopo tanto tempo."

Così le giunture delle gambe dell'Uomo di Latta furono oliate fin-

ché non ripresero a muoversi liberamente. L'uomo si lanciò allora in una sfilza di calorosi ringraziamenti. Era una creatura educata e molto riconoscente.
"Sarei rimasto qui, bloccato, per sempre se non foste passati da queste parti" disse. "Mi avete salvato la vita. Come siete arrivati fin qui?"
"Stiamo andando alla Città di Smeraldo per incontrare il grande Oz" spiegò Dorothy. "E ci siamo fermati nella tua capanna per passare la notte al riparo."
"Perché volete andare da Oz?" chiese il Taglialegna.
"Io voglio che mi indichi la strada per tornare nel mio paese, il Kansas" disse Dorothy. "Mentre lo Spaventapasseri spera di riuscire ad avere un cervello da mettere al posto della paglia che ha in testa."
L'Uomo di Latta parve riflettere per qualche istante, poi disse: "Credi che Oz potrebbe darmi un cuore?"
"Perché no? Immagino di sì" rispose Dorothy. "Non dovrebbe essere più difficile che dare un cervello allo Spaventapasseri."
"Giusto. Allora se mi permettete di unirmi alla vostra compagnia, vorrei venire anch'io alla Città di Smeraldo e chiedere a Oz di aiutarmi."
"Ma certo, vieni pure!" disse lo Spaventapasseri con partecipazione e Dorothy aggiunse che sarebbero stati lieti di viaggiare con lui.
L'Uomo di Latta si mise in spalla la sua ascia e tutti e quattro attraversarono insieme la foresta fino a ritrovare la strada lastricata di pietre gialle.
L'Uomo di Latta prima aveva pregato Dorothy di mettere nel cestino il suo oliatore dicendo: "In caso di pioggia e di ruggine potrei averne ancora bisogno".
Ben presto la sua presenza si rivelò preziosa. Infatti, ben presto la foresta si fece sempre più fitta e rami e cespugli invasero la strada rendendo difficile il passaggio. Allora l'Uomo di Latta impugnò la sua ascia e in quattro e quattr'otto aprì un varco grande a sufficienza per tutti.
Dorothy, poi, era così assorta nei suoi pensieri che non si accorse

che a un certo punto lo Spaventapasseri era inciampato in una buca, ai margini della strada. Il poverino dovette gridare perché l'Uomo di Latta lo tirasse su.

"Perché non hai evitato quella buca?" chiese l'Uomo di Latta.

"Perché non ho cervello" rispose cordiale lo Spaventapasseri. "La mia testa è imbottita di paglia, vedi? Per questo sto andando da Oz a chiedergli un po' di cervello."

"Oh, capisco" disse l'Uomo di Latta. "Ma in fondo il cervello non è poi la cosa più importante del mondo."

"Tu ne hai?" volle sapere lo Spaventapasseri.

"No, la mia testa è completamente vuota" rispose il taglialegna. "Però, un tempo avevo non solo un cervello ma anche un cuore e, avendoli provati entrambi, preferirei riavere un cuore piuttosto che un cervello."

"Come mai?" chiese lo Spaventapasseri.

"Ti racconterò la mia storia. Così lo capirai da solo."

Così, mentre proseguivano a camminare nella foresta, l'Uomo di Latta cominciò a raccontare.

"Mio padre era un taglialegna che si guadagnava da vivere abbattendo alberi e rivendendo il legname. Quando divenni abbastanza grande, cominciai a fare il taglialegna anch'io e quando mio padre morì, mi presi cura di mia madre finché visse. Poi cominciai a pensare di prendere moglie, per non rimanere solo. Tra le ragazze Munchkin ce n'era una così bella che me ne innamorai perdutamente. Lei, da parte sua, promise che mi avrebbe sposato non appena avessi guadagnato a sufficienza da costruirle una casetta nuova. E io mi misi a lavorare come un matto. Ma quella ragazza viveva con una vecchia così pigra che non voleva farla sposare a nessuno, per tenerla per sempre con sé a cucinare e a fare i lavori di casa. Così, quella diabolica vecchia andò dalla perfida Strega dell'Est e le promise due pecore e una mucca se fosse riuscita a mandare all'aria il matrimonio. La strega allora lanciò un incantesimo sulla mia ascia e un giorno, mentre tagliavo la legna per costruire la casa nuova per la mia futura sposa, la scure mi sfuggì di mano e mi tagliò di netto la gamba sinistra. Dapprima mi disperai perché pensai che un taglialegna con una gamba sola non può più fare il suo mestiere. Poi mi feci coraggio, mi trascinai da uno stagnino e lo pregai di farmi una gamba nuova, di stagno. Non appena mi ci fui abituato, mi accorsi che la gamba funzionava molto bene e così ripresi a lavorare con maggior lena di prima. Ma questo non fece piacere alla crudele Strega dell'Est, che aveva promesso a quella vecchiaccia che non avrei sposato la bella ragazza Munchkin. Così, quando ricominciai a tagliare la legna, mi fece scivolare di nuovo l'ascia di mano e questa volta partì la gamba destra. Senza perdermi d'animo, tornai dallo stagnino e sostituii anche quella. Poi fu la volta delle braccia, prima l'uno e poi l'altro. Io, testardo, me le feci cambiare con due di latta. La strega crudele non si arrese e un colpo della scure incantata mi tagliò la testa. Pensai che fosse finita per me. Ma lo stagnino, passando per caso da quelle parti, mi costruì una testa di stagno. Convinto di aver sconfitto la perfida strega ripresi a tagliare alberi, con ancora maggior lena. Ma non potevo immaginare quanto crudele fosse il mio nemico. La strega pensò a come impedire definitivamente che io e la bella giovane ci sposassimo e mi fece scivolare di mano l'ascia ancora una volta e il colpo, violentissimo, mi spaccò il tronco in due parti. Ancora una volta lo stagnino mi venne in aiuto e mi costruì un corpo di latta al quale attaccò le gambe, le braccia e la testa con delle giunture mobili con cui potessi muovermi senza problemi, proprio come prima. Ma, ahimè, non avevo più il mio cuore e persi con esso tutto il mio amore per la bella ragazza Munchkin. Non mi importava più di sposarla. Immagino che viva ancora con la vecchia, aspettando sempre che io vada a prenderla per condurla nella nuova casetta. Il mio corpo di latta luccicava al sole e io ne ero orgoglioso. Non avevo più da temere che la scure mi sfuggisse di mano perché, comunque, non mi sarebbe successo niente di male. L'unico pericolo era che le mie giunture si arrugginissero, immobilizzandomi; ma io stavo ben attento, tenevo un oliatore nella capanna e lo usavo ogni volta che mi serviva. Un giorno, però, me ne dimenticai e, proprio allora, mi sorprese un temporale improvviso. In un batter d'occhio mi trovai con le giunture completamente arrugginite e rimasi così, immobile, in piedi, accanto all'albero che stavo per abbattere. Poi, per fortuna, siete arrivati voi. È stato terribile stare così fermo, per un anno intero. Però io ho riflettuto a lungo e ho concluso che la perdita più grande per me era stata quella del cuore. Quando ero innamorato, mi sentivo l'uomo più felice della terra. Ma nessuno può amare un uomo senza cuore, per questo voglio chiedere a Oz di ridarmene uno. Se lui mi accontenta, tornerò dalla ragazza Munchkin e la sposerò."

Sia Dorothy che lo Spaventapasseri avevano ascoltato con interesse e commozione la storia dell'Uomo di Latta e ora sapevano perché desiderava tanto avere un cuore nuovo.

"Io però chiederò lo stesso a Oz un cervello" disse con aria ostinata lo Spaventapasseri. "In fondo uno stupido non saprebbe che farsene del cuore, se lo avesse."

"Io preferisco il cuore" ribatté l'altro, "perché il cervello non dà la felicità e la felicità è ciò che più conta al mondo."

Dorothy rimase in silenzio, perché non avrebbe saputo a chi dare ragione. Se solo fosse riuscita a tornare nel Kansas da zia Em e da zio Henry, non le sarebbe importato poi molto se lo Spaventapasseri fosse rimasto senza un cervello o l'Uomo di Latta senza un cuore. Un'altra cosa, piuttosto, la preoccupava: il pane era quasi finito, ne restava solo un pezzetto appena sufficiente per lei e per Toto. Uno Spaventapasseri riempito di paglia e un Taglialegna col corpo di latta non avevano bisogno di mangiare, ma lei non era fatta né di paglia né di latta e non poteva vivere senza mangiare.

6 Il Leone Codardo

Mentre parlavano, i tre avevano continuato a camminare nel fitto della foresta. La strada era ancora lastricata di pietre gialle, ma sopra c'erano caduti tanti di quei rami secchi e foglie morte che il percorso era diventato molto più impervio.

C'erano pochi uccelli in quella parte del bosco, perché gli uccelli amano la campagna e il sole. Di quando in quando però si udivano i brontolii cupi di qualche animale feroce nascosto tra gli alberi, che facevano sussultare Dorothy, che non capiva da chi o da che cosa provenissero; Toto invece lo capiva perfettamente e le camminava a fianco, senza mai abbaiare in risposta.

"Quanto tempo ci vorrà prima di uscire da questa foresta?" chiese all'Uomo di Latta.

"Non saprei proprio. Non sono mai stato alla Città di Smeraldo, ma mio padre una volta ci andò, quando io ero piccolo, e raccontava sempre che era stato un viaggio lungo e pieno di pericoli attraverso un territorio ostile; solo nelle vicinanze della città di Oz la campagna diventa di nuovo bella. Io, comunque, non mi preoccupo, fintantoché ho il mio oliatore a portata di mano. Quanto allo Spaventapasseri, nessuno può fargli del male. E tu hai il segno del bacio della buona Strega del Nord che ti protegge."

"E Toto, allora?" disse Dorothy in ansia. "Chi lo proteggerà?"

"Ci penseremo noi, se si troverà in pericolo. Tutti insieme" disse l'Uomo di Latta.

Non aveva ancora finito di pronunciare l'ultima parola che, dalla foresta, si alzò un terribile ruggito e un enorme leone balzò in mezzo alla strada. Con una zampata fece volare lo Spaventapasseri sul ciglio della strada poi, con i suoi possenti artigli, colpì l'Uomo di Latta. Ma, con sua grande sorpresa, non riuscì a scalfire il metallo, anche se il taglialegna cadde a terra e vi rimase immobile.

Il piccolo Toto, trovandosi finalmente di fronte a un nemico in carne e ossa, gli corse incontro abbaiando a più non posso, mentre l'enorme Leone spalancò le fauci per divorarlo. Dorothy, temendo che Toto venisse ucciso, senza badare al pericolo si precipitò sul Leone e lo schiaffeggiò sul muso con tutte le sue forze, gridando: "Non osare mordere Toto, sai? Dovresti vergognarti! Grande e grosso come sei, cercare di addentare un cagnolino!"

"Ma io non l'ho morso" borbottò il Leone, strofinandosi il muso con la zampa là dove Dorothy l'aveva colpito.

"No, però ci hai provato" reagì la bambina. "Sei un grande vigliacco!"

"Lo so" sospirò il Leone, chinando la testa per la vergogna. "L'ho sempre saputo. Ma cosa posso farci?"

"Non saprei proprio. Pensare che hai anche colpito un povero fantoccio imbottito di paglia come lo Spaventapasseri!"

"È imbottito di paglia?" la interruppe il Leone, stupito, mentre la guardava rimettere in piedi lo Spaventapasseri e cercando di ridargli un po' di forma.

"Certo che è di paglia!" fu la brusca risposta di Dorothy, che era ancora irritata.

"Ecco perché è volato via così facilmente" notò il Leone. "Mi ha stupito molto vederlo rotolare a quel modo. È fatto di paglia anche l'altro?"

"No" disse Dorothy, mentre aiutava anche il Taglialegna a tirarsi su. "Questo è di latta."

"Ora capisco perché quasi mi sono spuntato gli artigli" constatò il Leone. "Quando ho cercato di graffiarlo ho avuto un brivido lungo tutta la schiena! E chi è invece quell'animale minuscolo a cui sei tanto affezionata?"

"È il mio cane. Toto" rispose Dorothy.

"È di paglia o di latta?" chiese il Leone.

"Nessuno dei due: è un cane vero, fatto di carne" disse la bambina.

"Ah. È davvero buffo e, ora che lo guardo bene, è davvero molto piccolo. A nessuno sarebbe venuto in mente di mangiare una creaturina come questa se non a un vigliacco come me" continuò triste il Leone.

"È un vero mistero" disse il Leone. "Credo di essere nato così. Tutti gli animali che vivono nella foresta si aspettano sempre che io sia coraggiosissimo, perché il leone è ritenuto da sempre il re degli animali. Io ho imparato che, se quando arriva qualcuno io mi metto a ruggire con tutte le mie forze, chiunque scappa terrorizzato. Tutte le volte che ho incontrato un uomo sulla mia strada, quasi morivo di paura, ma poi bastava un ruggito, uno solo, per vederlo scappar via a gambe levate. Ma se a un orso, un elefante, una tigre, venisse in mente di assalirmi, sarei io a scappare, sono così vigliacco! Ma per fortuna, appena sentono il mio ruggito se la squagliano tutti. E io sono ben felice di lasciarli andare."

"Ma non è giusto!" esclamò lo Spaventapasseri. "Il re degli animali non può essere un vigliacco!"

"Lo so." E con il pennacchio della coda il Leone si asciugò una lacrima. "È il mio più grande cruccio e mi rende molto infelice. Ma appena sento odor di pericolo, il cuore comincia a battermi all'impazzata."

"Forse hai una malattia al cuore" disse il Taglialegna.

"Chissà" sospirò il Leone.

"In questo caso dovresti essere contento" riprese l'Uomo di Latta. "Se hai il cuore malato significa che un cuore ce l'hai. Io, invece, non potrei mai soffrire di quella malattia, perché il cuore non ce l'ho."

"Forse" rifletté il Leone, "se non avessi un cuore non sarei tanto vigliacco."

"E il cervello ce l'hai?" domandò lo Spaventapasseri.

"Credo di sì. Non ho mai guardato dentro alla mia testa, però" replicò il Leone.

"Io vado dal grande Oz a chiedergli di darmene un po'" riprese lo Spaventapasseri, "perché nella mia testa c'è soltanto paglia."

"Io, invece, vado a chiedergli un cuore" aggiunse il Taglialegna.

"E io gli chiederò di aiutare me e Toto a tornare a casa, nel Kansas" concluse Dorothy.

"Credete che Oz mi darebbe un po' di coraggio?" chiese il Leone Codardo.

"Se può dare un cervello a me" disse lo Spaventapasseri.
"E a me un cuore" gli fece eco l'Uomo di Latta.
"Se può aiutarmi a tornare nel Kansas" concluse Dorothy.
"Allora, se mi accettate, verrò con voi" disse il Leone Codardo. "La mia vita, senza un filo di coraggio, mi è ormai insopportabile."
"Sei il benvenuto" disse Dorothy. "Ci aiuterai a tenere lontano le altre bestie feroci. Però, se si lasciano spaventare tanto dal tuo ruggito, mi sa che sono più paurose di te."
"Lo sono davvero" ammise il Leone, "ma questo non mi rende più coraggioso. E finché sarò così vigliacco, mi sentirò terribilmente infelice."
E così la piccola brigata si mise di nuovo in cammino, il Leone a fianco di Dorothy. Da principio la faccenda non andò per niente a genio a Toto, che non dimenticava di esser stato a un pelo dal finire tra le fauci del Leone; poi, pian piano, il cagnolino cominciò a prendere sempre più confidenza con il bestione finché non diventarono amici.
Nessun'altra avventura turbò il proseguimento del viaggio, per quel giorno. Accadde solo che l'Uomo di Latta mettesse un piede sopra uno scarabeo che zampettava ai margini della strada, uccidendolo involontariamente. E lui, che stava sempre così attento a non nuocere a nessuna creatura, ne fu molto turbato e pianse calde lacrime. Pianse tanto che le lacrime scesero fino alle giunture delle mascelle formando subito uno strato di ruggine e quando, più tardi, Dorothy gli chiese qualcosa, lui non riuscì neppure ad aprire la bocca perché la ruggine aveva saldato tutto. Si spaventò moltissimo e si mise a fare dei cenni all'amica perché lo aiutasse. Ma lei non riusciva a capire.
Anche il Leone era confuso da quella scena e si chiedeva perché si agitasse tanto. Lo Spaventapasseri, invece, intuì l'accaduto, prese l'oliatore dal cestino e unse le giunture del Taglialegna, che dopo un momento fu di nuovo in grado di parlare come prima e disse: "Ho imparato la lezione. D'ora in poi farò più attenzione a dove metto i piedi, perché se mi capitasse di uccidere un altro scarabeo o

qualsiasi altro insetto, mi metterei di nuovo a piangere e così mi si arrugginirebbe di nuovo la mascella e non potrei più aprire bocca". Da allora camminò con cautela, tenendo lo sguardo sempre fisso sulla strada. E, ogni volta che vedeva una formica passare, la scavalcava attento a non farle male. L'Uomo di Latta sapeva bene di non avere un cuore e proprio per questo si impegnava a non essere mai crudele o scortese con nessuno.

"Voi che lo possedete, un cuore" diceva, "avete qualcosa che vi guida a non fare del male; ma siccome io non lo posseggo devo stare molto attento. Quando Oz mi concederà un cuore, allora non dovrò più fare così tanta attenzione."

7 Il viaggio verso la Città di Smeraldo

Quella sera la compagnia si accampò sotto un grande albero nella foresta, non essendoci nessuna casa nei paraggi. L'albero fece il suo dovere, proteggendoli dalla rugiada.

L'Uomo di Latta tagliò un bel po' di legna e Dorothy fece un bel fuoco che servì a riscaldarla e a cacciar via la solitudine. Divise con Toto l'ultimo pezzettino di pane che restava nel cestino e si chiese che cosa avrebbero mangiato, la mattina dopo, per colazione.

"Se vuoi" disse il Leone, "vado nella foresta e uccido un capriolo per te. Potrai arrostirlo sul fuoco, visto che preferisci la carne cotta a quella cruda. Sarebbe un'ottima colazione, non ti sembra?"

"Oh, no, non farlo!" supplicò l'Uomo di Latta. "Se uccidi un povero capriolo io piangerò di nuovo e mi si arrugginiranno le mascelle!"

Il Leone allora se ne andò nel bosco per procurarsi qualcosa da mettere sotto i denti. Nessuno seppe che cosa avesse mangiato per cena, perché lui non ne parlò mai.

Lo Spaventapasseri trovò un albero di noci e riempì con quelle il cestino di Dorothy, in modo da procurarle il pasto per qualche giorno. La bambina apprezzò molto quel gesto gentile, ma non poté fare a meno di ridere a crepapelle nel vedere quanto fosse buffo il suo povero amico mentre si affaccendava maldestro a cogliere le noci. Le sue mani erano così maldestre e le noci così piccole che ne cadevano a terra quasi tante quante ne riusciva a mettere nel cestino. Ma allo Spaventapasseri non importava di perdere tanto tempo nella raccolta: anzi, ne era addirittura contento, perché così poteva starsene lontano dal fuoco, dove temeva che una scintilla lo bruciasse tutto. Ci si avvicinò solo più tardi, per coprire di foglie asciutte Dorothy che si era stesa a terra per dormire.

Quelle foglie tennero la bambina così comoda e calda che dormì saporitamente fino alla mattina, quando si lavò la faccia a un grazioso ruscello e, poco più tardi, tutti si misero di nuovo in cammino di

buona lena diretti verso la Città di Smeraldo. Quello sarebbe stato un giorno pieno di eventi per i viaggiatori.
Erano in viaggio da circa un'ora quando si imbatterono in un grosso precipizio che, attraversando la strada, tagliava in due la foresta. Era largo e, quando strisciarono fino al bordo per guardare in basso, videro che era anche molto alto e che il fondo era costellato di rocce aguzze e taglienti. Le pareti, poi, erano così ripide e scoscese che non era possibile scendere. Per un momento sembrò che il viaggio dovesse finire proprio lì, sul bordo di quel precipizio.
"Che facciamo?" chiese Dorothy, disperata.
"Non ne ho la minima idea" disse l'Uomo di Latta.
Il Leone scrollò la criniera e guardò giù, con aria pensosa.
Lo Spaventapasseri prese la parola. "Non sappiamo volare, questo è certo. E non possiamo neppure calarci fino al fondo di questo precipizio. Perciò, se non riusciamo a saltare dall'altra parte, dovremo fermarci qui."
"Io credo che potrei riuscire a saltare dall'altra parte" disse il Leone Codardo, dopo aver misurato a occhio e croce la distanza.
"Allora va bene" rispose lo Spaventapasseri. "Ci porterai sulla schiena uno alla volta."
"Bene. Proviamo" replicò il Leone. "Chi viene per primo?"
"Io" disse lo Spaventapasseri, "perché se tu non dovessi riuscire a saltare, Dorothy cadendo sul fondo si ammazzerebbe di certo, mentre l'Uomo di Latta si ammaccherebbe cadendo sulle rocce. Invece io, imbottito di paglia come sono, non correrei alcun rischio di farmi male."
"Ho una gran paura di cadere anch'io" confessò il Leone Codardo, "ma suppongo che non si possa fare altrimenti. Salta sulla mia schiena e facciamo un tentativo."
Lo Spaventapasseri balzò in groppa al Leone che, avvicinatosi all'orlo del burrone, si accovacciò.
"Perché non prendi la rincorsa per saltare?" chiese lo Spaventapasseri.
"Perché i leoni non fanno così" ribatté il Leone.
Poi, con un gran balzo, volò nell'aria come una freccia e atterrò

dall'altra parte sano e salvo. Furono tutti deliziati dal vedere quanto fosse stato facile il salto, e, non appena ebbe fatto scendere lo Spaventapasseri dalla sua schiena, il Leone raggiunse di nuovo gli altri saltando dall'altro lato.

Venne il turno di Dorothy che, con Toto in braccio, si strinse forte alla criniera. Dapprima si sentì trasportare nell'aria, ma prima che avesse il tempo di provare paura, si trovò sana e salva a destinazione.

Il Leone tornò indietro per la terza volta e infine fu la volta dell'Uomo di Latta. A quel punto tutti si sedettero un po' per lasciar riposare il Leone, che aveva il fiato grosso e ansimava come un cane che abbia corso troppo a lungo.

La foresta, da quel lato, era molto fitta, buia e cupa. Dopo che il Leone si fu ripreso, la piccola brigata riprese il suo cammino lungo la strada lastricata di pietre gialle. Ognuno di loro si chiedeva, tra se e sé, se mai sarebbe riuscito a vedere di nuovo la luce del sole. Come se questo non bastasse, di tanto in tanto, dal folto del bosco cominciarono a sentirsi degli strani rumori. Il Leone sussurrò loro che da quelle parti vivevano i Kalidah.

"Chi sono i Kalidah?" chiese Dorothy.

"Delle belve orribili con il corpo d'orso e la testa di tigre. Hanno artigli così affilati che potrebbero tagliarmi in due con la stessa facilità con cui io potrei tagliare in due Toto. Vi devo confessare che ne sono terrorizzato."

"La cosa non mi sorprende affatto" disse Dorothy. "Devono essere degli animali spaventosi."

Il Leone stava per aggiungere qualcosa quando d'improvviso il gruppetto si trovò la strada di nuovo tagliata da un altro precipizio, così largo e profondo che neanche lui sarebbe riuscito a superarlo.

Allora si sedettero per riflettere seriamente, finché lo Spaventapasseri non disse: "C'è un grande albero proprio sul ciglio del precipizio. Se il Taglialegna riuscisse ad abbatterlo in modo da farlo cadere con la cima dall'altra parte, potremmo usarlo come ponte per attraversare il burrone".

"È davvero un'ottima idea!" disse il Leone. "Si direbbe quasi che tu, invece della paglia, abbia in testa un gran bel cervello."

Il Taglialegna si mise subito al lavoro e, con pochi colpi della sua ascia affilatissima, tagliò il tronco.
Quando il lavoro fu quasi completato, il Leone vi appoggiò le zampe anteriori e spinse con tutte le sue forze. L'albero cominciò a oscillare e poi, con gran fragore, crollò sul precipizio con la cima che poggiava sull'altra sponda.
Avevano appena cominciato ad attraversare quel ponte improvvisato quando un brontolio minaccioso li indusse a voltarsi e, con orrore, videro due enormi animali con il corpo d'orso e la testa di tigre che correvano verso di loro.
"Sono i Kalidah!" gridò il Leone Codardo, tremando di paura.
"Presto!" strillò lo Spaventapasseri. "Attraversiamo!"
Per prima passò Dorothy con Toto in braccio, poi l'Uomo di Latta e lo Spaventapasseri. Il Leone, sebbene fosse spaventato a morte, si fermò per affrontare i Kalidah e fece un ruggito così spaventoso che Dorothy gridò di paura e lo Spaventapasseri inciampò indietro, mentre anche le fiere si fermarono per qualche istante a guardare stupiti l'avversario.
Presto però si resero conto di essere ben più grossi del Leone e in due contro uno, e ripresero la carica. Il Leone allora attraversò il ponte e si voltò per vedere che cosa facevano gli assalitori che, senza indugiare un istante, continuavano a inseguirlo salendo sul tronco.
Allora il Leone disse a Dorothy: "Siamo perduti. Ci faranno a pezzi coi loro artigli. Ma tu mettiti alle mie spalle e prometto che combatterò finché avrò vita".
"Aspetta un momento!" disse lo Spaventapasseri, che aveva riflettuto sul da farsi e aveva appena chiesto al Taglialegna di tagliare la cima dell'albero che poggiava sull'orlo del precipizio.
Il Taglialegna si mise a manovrare l'ascia con tutte le sue forze e, proprio nel momento in cui i due Kalidah stavano per raggiungere l'altra sponda, l'albero precipitò nell'abisso, trascinando con sé le fiere ringhiose che si sfracellarono sul fondo di dura roccia.
Il Leone Codardo tirò un sospiro di sollievo e disse: "Bene, a quel che sembra vivremo ancora un po' e ne sono molto felice, non

dev'essere molto piacevole essere morti. Ho avuto davvero una gran paura: dovreste sentire come mi batte il cuore".

"Ah! Come vorrei avere anch'io un cuore che batte!" sospirò l'Uomo di Latta.

Quell'ultima avventura rese tutti molto impazienti di uscire dalla foresta, e affrettarono il passo tanto che Dorothy, ormai stanca, fu costretta a viaggiare sulla groppa del Leone.

Finalmente, con loro grande sollievo, gli alberi cominciarono a diradarsi e, qualche ora più tardi, nel tardo pomeriggio, giunsero sulle rive di un fiume dalla corrente impetuosa. La strada lastricata di pietre gialle proseguiva sulla sponda opposta, inoltrandosi in mezzo a dei prati verdi punteggiati di fiori, costeggiata da alberi carichi di frutta succosa. Si rallegrarono tutti alla vista di quel magnifico paesaggio.

"Come faremo ad attraversare il fiume?" chiese Dorothy.

"Facile" rispose lo Spaventapasseri. "L'Uomo di Latta costruirà una solida zattera e con quella guadagneremo l'altra riva."

Così il Taglialegna prese di nuovo la sua ascia e cominciò ad abbattere gli alberi più giovani e flessibili per fare una zattera. E, mentre lui lavorava d'impegno, lo Spaventapasseri scoprì in riva al fiume un albero pieno di frutta matura. Dorothy, stanca di sgranocchiare solo noci, ne fu molto felice e ne mangiò in quantità.

Ma costruire una zattera richiede tempo anche se a realizzarla è un taglialegna instancabile come l'Uomo di Latta. Quando si fece notte il lavoro non era ancora finito.

Allora cercarono un posto ben riparato sotto gli alberi e dormirono tutti profondamente fino a mattina. Dorothy sognò la Città di Smeraldo e il grande Oz che acconsentiva ad aiutarla a tornare a casa sua.

8 Il campo dei papaveri-sonnifero

La nostra piccola compagnia si svegliò la mattina seguente riposata e di buonumore e Dorothy fece una colazione regale con pesche e prugne appena raccolti sugli alberi in riva al fiume.
Dietro di loro si stendeva la foresta cupa che avevano attraversato senza subire danni, anche se con qualche spavento; ma davanti a loro si stendeva una bella campagna illuminata dal sole, che sembrava invitarli ad accelerare il passo verso la Città di Smeraldo.
A dire il vero c'era ancora il grande fiume a separarli da quella terra magnifica. Ma la zattera era quasi ultimata e, dopo che il Taglialegna ebbe abbattuto gli ultimi tronchi e li ebbe uniti l'uno all'altro con cunei di legno, furono pronti alla partenza. Dorothy si sedette al centro, con Toto in braccio; quando salì il Leone Codardo, la piccola imbarcazione oscillò sotto il suo gran peso, ma lo Spaventapasseri e il Taglialegna riuscirono a mantenerla in equilibrio mettendosi sull'altro lato mentre, con delle lunghe pertiche, la spingevano nel fiume.
Dapprima la traversata sembrò riuscire piuttosto bene, ma quando arrivarono in mezzo al fiume, una corrente turbinosa li trasportò verso valle allontanandoli sempre di più dalla strada lastricata di pietre gialle. Inoltre l'acqua cominciò a diventare sempre più profonda finché le pertiche non toccarono più il fondo del fiume.
"Siamo nei guai" disse l'Uomo di Latta. "Se non riusciamo a guadagnare subito la riva opposta, la corrente ci porterà nel paese della perfida Strega dell'Ovest che ci lancerà uno dei suoi incantesimi e ci renderà suoi schiavi."
"Allora non riuscirò ad avere il mio cervello!" disse lo Spaventapasseri.
"E io non avrò la mia dose di coraggio" aggiunse il Leone Codardo.
"E io il mio cuore" sospirò l'Uomo di Latta.
"E io invece, non tornerò mai più a casa, nel Kansas" si disperò Dorothy.

"Dobbiamo arrivare alla Città di Smeraldo a qualsiasi costo" riprese lo Spaventapasseri e spinse con tanta forza la sua pertica che si bloccò nel fango sul fondo del fiume. Poi, prima di riuscire a tirarla fuori o a mollarla, la corrente gli fece scivolar via la zattera da sotto i piedi e il malcapitato Spaventapasseri rimase aggrappato alla pertica, in mezzo al fiume.
"Addio!" gridò ai compagni che lo guardavano desolati e impotenti.
L'Uomo di Latta cominciò a piangere, ma subito si ricordò che poteva arrugginire di nuovo e si asciugò la lacrima con un lembo del grembiule di Dorothy.
Di certo lo Spaventapasseri non era in una bella posizione.
"Ora sono messo peggio di quando ho incontrato Dorothy per la prima volta. Allora ero infilzato su un palo in mezzo a un campo di granoturco, dove potevo almeno far finta di spaventare i corvi. Ma ora vorrei sapere a che cosa serve uno Spaventapasseri infilzato su un palo in mezzo a un fiume! Ho paura che non riuscirò mai ad avere un cervello!"
Intanto la zattera continuava a scivolare sul fiume lasciando indietro lo Spaventapasseri. Allora il Leone Codardo disse:
"Dobbiamo fare qualcosa per salvarci. Io potrei nuotare fino a riva tirandomi dietro la zattera se voi vi attaccaste alla punta della mia coda".
Così saltò in acqua e l'Uomo di Latta si aggrappò saldamente alla sua coda. Il Leone cominciò a nuotare verso riva, con tutte le sue forze. Fu una gran fatica per un leone così grande e possente, ma, pian piano, furono fuori dalla corrente. Dorothy prese la pertica dell'Uomo di Latta e aiutò a spingere la zattera verso la riva.
Quando raggiunsero la sponda, erano tutti sfiniti e si lasciarono cadere sull'erbetta verde e soffice. Sapevano bene che la corrente li aveva portati molto lontano dalla strada lastricata di pietre gialle che portava alla Città di Smeraldo.
"E ora, che facciamo?" chiese l'Uomo di Latta, mentre il Leone giaceva sull'erba per asciugarsi il pelo sotto il sole.
"Dobbiamo ritrovare la strada, in qualche maniera" disse Dorothy.

“La soluzione migliore sarebbe risalire lungo la riva del fiume fino a raggiungere la nostra strada” consigliò il Leone.
Così, dopo aver riposato un po’, Dorothy prese il suo cestino e la compagnia riprese il cammino sull’argine erboso, alla ricerca della strada da cui la corrente del fiume li aveva tanto allontanati. La campagna era splendida, con tanti fiori, alberi da frutta e sole in abbondanza. Se non fosse stato per la perdita del povero Spaventapasseri, si sarebbero sentiti davvero felici.
Camminarono il più rapidamente possibile, e Dorothy si fermò solo una volta per cogliere un magnifico fiore. Dopo poco però il Taglialegna gridò: “Guardate!”
Tutti guardarono il fiume e videro lo Spaventapasseri appeso alla pertica in mezzo all’acqua, con un’aria triste e depressa.
“Che cosa possiamo fare per salvarlo?” chiese Dorothy.
Il Leone e l’Uomo di Latta scossero la testa, desolati: non sapevano proprio che pesci pigliare. Si sedettero sull’erba a fissare, sconsolati, il povero Spaventapasseri finché non arrivò una Cicogna. Dapprima fece un giro in volo sopra le loro teste, poi si posò a filo dell’acqua a riposare.
“Chi siete? Dove andate?” domandò.
“Io mi chiamo Dorothy e questi sono i miei amici: l’Uomo di Latta e il Leone Codardo. Stiamo andando alla Città di Smeraldo.”
“Siete sulla strada sbagliata” disse la Cicogna torcendo il collo e guardandoli stupita.
“Lo so” replicò Dorothy, “ma abbiamo perduto lo Spaventapasseri e non sappiamo come recuperarlo.”
“Dov’è?” domandò la Cicogna.
“Là, in mezzo al fiume” spiegò la bambina.
“Se non fosse così grosso e pesante, potrei riportarvelo io” disse la Cicogna.
“Non è affatto pesante!” esclamò Dorothy speranzosa. “È fatto di paglia. Se tu ce lo riportassi, te ne saremmo grati per sempre!”
“Bene, ci proverò” acconsentì la Cicogna. “Ma se dovesse essere troppo pesante per me, sarò costretta a lasciarlo cadere di nuovo nel fiume.”

Subito il grande volatile si alzò in volo e raggiunse il centro del fiume, là dove lo Spaventapasseri se ne stava appeso alla meglio sulla pertica; con i suoi artigli lo afferrò per un braccio, lo sollevò e lo portò a riva dove sedevano Dorothy, il Leone, l'Uomo di Latta e Toto.

Quando si ritrovò tra i suoi amici, lo Spaventapasseri li abbracciò uno a uno, compreso il Leone e Toto. E, rimettendosi in cammino con loro, a ogni passo lanciava un grido di gioia e faceva una piroetta.

"Avevo paura di rimanere sospeso sull'acqua per sempre e la cara Cicogna mi ha salvato. Se un giorno avrò quel cervello che tanto desidero, la cercherò e farò il possibile per ricambiare il favore" disse lo Spaventapasseri.

"Oh, va bene così" disse la Cicogna che li seguiva volando. "Io sono felice di aiutare chi si trova nei guai. Adesso però devo lasciarvi perché i miei piccoli mi stanno aspettando nel nido. Spero che ce la farete a trovare la Città di Smeraldo e che il grande Oz vi aiuti."

"Grazie!" disse Dorothy e la Cicogna volò via lontano.

Ripresero a camminare mentre nell'aria risuonava il canto armonioso degli uccelli dal piumaggio colorato e i fiori erano sempre più fitti tanto che i prati sembravano quasi tappeti multicolori. C'erano fiori gialli, bianchi, blu e porpora e c'erano grandi mazzi di papaveri rossi, di un colore così vivo e intenso che Dorothy ne fu quasi abbagliata.

"Non sono magnifici?" disse dopo essersi chinata per sentirne il profumo.

"Suppongo di sì" rispose lo Spaventapasseri. "Anche se, quando avrò un cervello, riuscirò ad apprezzarli di più."

"Se solo io avessi un cuore, credo che li amerei!" sospirò l'Uomo di Latta.

"Mi sono sempre piaciuti i fiori" disse il Leone. "Sembrano così indifesi e fragili. Ma nella foresta non ce ne sono di così brillanti."

Via via che si inoltravano nel prato, il numero dei papaveri cresceva mentre gli altri fiori si facevano sempre più radi. Alla fine si trovarono in mezzo a uno sterminato campo di papaveri rossi.

È ben noto che quando i papaveri sono davvero tanti, emanano un profumo in grado di addormentare chiunque lo respiri e se chi si addormenta non viene immediatamente trasportato lontano, continuerà a dormire per sempre senza più svegliarsi. Ma Dorothy non lo sapeva proprio e ben presto non fu più in grado di andarsene da quei fiori di un rosso intenso; dopo un po' cominciò a sentire le palpebre pesanti e avrebbe tanto voluto sdraiarsi in quel prato per un sonnellino; ma l'Uomo di Latta non glielo permise.
"Dobbiamo sbrigarci e raggiungere la strada lastricata di pietre gialle prima che arrivi la notte" disse, e lo Spaventapasseri gli dette ragione. Così continuarono ad andare avanti finché Dorothy non ce la fece più a stare in piedi. Le si chiudevano gli occhi da soli, non sapeva neanche più dove si trovava finché cadde addormentata in mezzo ai papaveri.
"Che facciamo?" chiese l'Uomo di Latta.
"Se la lasciamo qui, morirà" disse il Leone. "Il profumo di questi fiori ci sta uccidendo. Anch'io non riesco quasi più a tenere gli occhi aperti e Toto sta già dormendo."
Era vero: il cagnolino si era addormentato ai piedi della padroncina. Lo Spaventapasseri e il Taglialegna, invece, non essendo fatti di carne, non erano affatto disturbati dal profumo dei papaveri.
"Corri. Veloce!" disse lo Spaventapasseri al Leone. "E vattene più alla svelta che puoi da questo prato malefico. Porteremo via noi da qui Dorothy. Ma se ti addormentassi non riusciremmo mai a trasportare te, sei troppo pesante."
Il Leone allora si destò del tutto e spiccò un gran salto. Un istante dopo era già scomparso.
"Facciamo un seggiolino con le mani e mettiamoci sopra Dorothy" disse lo Spaventapasseri.
Presero Toto e lo deposero nel grembo della bambina e poi fecero una sedia con le loro mani e la trasportarono attraverso tutto il campo di fiori.
Camminarono e camminarono e sembrava che quel campo di papaveri velenosi non finisse mai. Seguirono l'ansa del fiume finché

non giunsero nel luogo in cui il loro amico Leone era piombato nel sonno tra i papaveri. Il profumo era stato troppo forte anche per lui, così grande e grosso, e lo aveva fatto addormentare proprio al limitare del campo, là dove cominciava un bel prato verde.

"Non possiamo far niente per lui" disse il Taglialegna, triste. "È troppo pesante. Dovremo lasciarlo qui a dormire per sempre. Magari sognerà di aver trovato finalmente il coraggio."

"Mi dispiace tanto" disse lo Spaventapasseri. "È stato un bravo compagno di avventure, per essere uno così codardo. Ma ora dobbiamo andare."

Portarono la bambina in un punto grazioso in riva al fiume, abbastanza lontano dal campo di papaveri da non farle respirare il pericoloso profumo dei fiori. La poggiarono delicatamente sull'erba soffice e attesero pazientemente che l'aria fresca la risvegliasse.

9 La Regina dei Topi di campagna

"Non dovremmo essere lontani ormai dalla strada lastricata di pietre gialle" disse lo Spaventapasseri vicino a Dorothy. "Siamo più o meno nel punto in cui la corrente ha cominciato a trascinarci via."
L'Uomo di Latta stava per rispondergli quando udì una specie di ringhio e, voltando la sua testa che girava magnificamente sui cardini, vide uno strano animale che avanzava verso di loro a grandi balzi sull'erba. Era un grosso gatto selvatico con il pelo giallo.
Il Taglialegna pensò che fosse a caccia perché teneva le orecchie appiattite sulla testa e aveva la bocca spalancata con due file di denti aguzzi, mentre gli occhi rossi scintillavano come palle di fuoco.
Quando il Gatto Selvatico fu abbastanza vicino, poi, l'Uomo di Latta notò che davanti correva un Topolino grigio di campagna.
Per quanto non avesse cuore, ebbe subito la sensazione che ciò che voleva fare il Gatto Selvatico, uccidere una creatura così graziosa e indifesa, fosse sbagliato. Allora, rapidissimo alzò la sua ascia e quando il cacciatore gli passò davanti, gli diede un gran colpo, così preciso che la testa dell'animale si staccò di netto dal corpo, rotolandogli ai piedi.
Il topolino di campagna, libero dal suo inseguitore, si fermò, si avvicinò al Taglialegna e gli disse, con una vocetta sottile e acuta: "Oh! Grazie! Grazie per avermi salvato la vita".
"Figurati!" rispose il Taglialegna. "Sai, io non ho cuore, per questo cerco sempre di aiutare chi si trova nei guai, anche se si tratta soltanto di un topino."
"Soltanto di un topino!" strillò l'animaletto, indignato. "Ma io sono una Regina! La Regina di tutti i Topi di campagna!"
"Oh, davvero?" disse il Taglialegna facendo un profondo inchino.
"Perciò, avendomi salvato la vita, tu hai compiuto un'azione nobilissima, oltre che coraggiosa" aggiunse la Regina.
In quell'istante sbucarono da ogni parte moltissimi topolini grigi

che correvano il più velocemente possibile e, quando videro la loro Regina, esclamarono: "Oh, vostra Maestà! Pensavamo che foste stata uccisa! Come è riuscita a sfuggire al grande Gatto Selvatico?"
E tutti si inchinarono così profondamente alla loro Regina che quasi sbatterono la testa per terra.
"È stato questo buffo ometto di latta a salvarmi" spiegò la Regina. "Ha ucciso il Gatto Selvatico e mi ha salvata. Perciò, d'ora in poi, dovrete servirlo e obbedirgli, qualsiasi cosa desideri."
"Lo faremo!" squittirono i topi con le loro vocette stridule, per poi darsela subito a gambe quando Toto, che nel frattempo si era svegliato e, alla vista di tutte quelle bestiole, si era messo ad abbaiare contento ed era saltato loro in mezzo. Dava sempre la caccia ai topi, nel Kansas, e non ci vedeva proprio niente di male.
L'Uomo di Latta però lo prese in braccio e lo tenne stretto, richiamando indietro i topolini: "Ehi, voi, tornate qua! Toto non vi farà del male".
La Regina, che si era nascosta dietro un cespuglio, fece capolino e chiese, intimorita: "Sei sicuro che non ci morderà?"
"Non glielo permetterò" rispose il Taglialegna, "non preoccupatevi."
Uno a uno, i topi tornarono timidamente ad avvicinarsi. Toto smise di abbaiare, ma si divincolava tentando di liberarsi dalla stretta dell'Uomo di Latta. E lo avrebbe anche morso, se non avesse saputo che era fatto di latta.
Uno dei topi più grossi infine si fece avanti e disse: "C'è qualcosa che possiamo fare per ricompensarti di aver salvato la vita alla nostra Regina?"
"Non saprei proprio" rispose il Taglialegna.
Ma lo Spaventapasseri, che nel frattempo aveva provato a pensarci su, nonostante avesse la testa imbottita di paglia, disse: "Sì, invece! Potete aiutarci a salvare un nostro amico, il Leone Codardo, che è addormentato nel campo di papaveri".
"Un leone!" gridò la Regina. "Oh, no, ci mangerebbe tutti!"
"No, no, ve l'ho già detto: è un Leone Codardo" dichiarò lo Spaventapasseri.

"Davvero?" chiese il topolino.
"È lui stesso a dirlo" rispose lo Spaventapasseri. "Non farebbe mai del male a dei nostri amici. Se ci aiutate a tirarlo fuori dai guai, vi assicuro che sarà gentile con voi."
"Bene" disse la Regina. "Ci fidiamo di te. Che cosa dobbiamo fare?"
"Quanti sono i topolini disposti a obbedirti?"
"Sono migliaia e migliaia."
"Allora dì loro di venire qui il prima possibile e di portare con sé ciascuno un pezzetto di corda."
La Regina si rivolse ai topi che la circondavano e ordinò loro di radunare il popolo al completo. Quelli corsero via, pieni di zelo.
"Ora" disse lo Spaventapasseri all'Uomo di Latta, "tu andrai in riva al fiume e abbatterai alberi a sufficienza per costruire un carretto con cui trasporteremo il Leone."
Il Taglialegna andò al fiume e cominciò a tagliare alberi. In quattro e quattr'otto fece un carretto con grossi rami privati dei rami e delle foglie che legò insieme con dei grossi cunei. Le ruote le ricavò tagliando a fette il tronco più grosso che era riuscito ad abbattere. E fu così veloce che quando i topi tornarono, il carro era già pronto per loro. Giungevano a migliaia da tutte le direzioni: topi grossi, piccoli e medi, e ognuno di loro aveva in bocca un pezzetto di corda.
Fu proprio allora che Dorothy si svegliò dal suo lungo sonno e rimase sorpresa nel vedersi sdraiata sull'erba e circondata da una miriade di topi che la scrutavano timorosi. Ma lo Spaventapasseri le spiegò quel che era accaduto durante il suo lungo sonno e, indicando la Regina, disse: "Permettimi di presentarti Sua Maestà, la Regina".
Dorothy fece un rispettoso cenno con la testa e la Regina rispose con un inchino. Da quel momento le due diventarono amiche.
Lo Spaventapasseri e l'Uomo di Latta cominciarono a legare i topi al carro, usando i pezzetti di spago che quelli avevano portato. Un'estremità della corda era fissata al collo di ciascun topo, l'altra al carro. E sebbene il carro fosse migliaia di volte il peso che ognuno di loro poteva portare, una volta imbrigliati tutti insieme i topi riuscirono a muoverlo senza troppe difficoltà.

Allora lo Spaventapasseri e l'Uomo di Latta ci salirono e furono portati velocemente nel luogo dove giaceva il Leone addormentato.
Con grande sforzo riuscirono a issare quel corpo massiccio e pesante sul carro. Subito la Regina ordinò ai suoi sudditi di prendere in fretta la via del ritorno: temeva che, se si fossero fermati troppo a lungo nel campo dei papaveri, anche i suoi topolini si sarebbero addormentati.

Da principio quelle piccole creature, pur essendo così tante, non riuscirono quasi a spostare il carretto caricato con quell'enorme fardello. Allora lo Spaventapasseri e il Taglialegna cominciarono a spingere con tutte le loro forze da dietro e le ruote presero a girare. Ben presto si lasciarono alle spalle il campo di papaveri e, giunti al prato verde, il Leone poté respirare aria pura, invece del veleno dei papaveri.

Dorothy ringraziò calorosamente i topolini che avevano salvato dalla morte il suo fedele compagno; ormai si era così affezionata al grosso Leone Codardo che era davvero felice di ritrovarlo sano e salvo.
I topi vennero staccati dal carro e sgambettarono via, scomparendo in mezzo all'erba diretti alle loro tane. La Regina dei Topi fu l'ultima ad andarsene.

"Se avrete di nuovo bisogno di noi" disse, "andate sul prato e chiamateci. Vi sentiremo e correremo in vostro soccorso. Arrivederci!"

"Arrivederci!" risposero tutti in coro.

La Regina se ne andò di corsa, mentre Dorothy stringeva forte a sé Toto per impedirgli di correrle dietro spaventandola.

Poi tutti sedettero intorno al Leone, in attesa del suo risveglio e lo Spaventapasseri raccolse per Dorothy della frutta per cena da un albero vicino.

10 Il Guardiano della Porta

Ci volle un bel po' di tempo prima che il Leone Codardo si risvegliasse, perché era rimasto a lungo tra i papaveri, respirando una gran quantità del loro profumo velenoso. Ma quando spalancò gli occhi, si guardò intorno e balzò giù dal carro, fu felicissimo di essere ancora vivo.
"Ho corso più veloce che potevo" spiegò, spalancando l'enorme bocca in uno sbadiglio, "ma i fiori sono stati più forti di me. Come siete riusciti a portarmi fuori dal campo?"
Gli raccontarono la storia dei topi di campagna, del loro generoso contributo per strapparlo alla morte. Allora lui rise e disse: "Ho sempre pensato di essere grosso e terribile, eppure delle cose da niente come quei fiori per poco non mi hanno ucciso e degli animali piccini come i topi mi hanno salvato la vita. Che cosa strana! Ma ora, compagni, che cosa facciamo?"
"Dobbiamo rimetterci in cammino alla ricerca della strada lastricata di pietre gialle" disse Dorothy, "e poi proseguiremo per la Città di Smeraldo."
Attesero ancora un po' che il Leone avesse ripreso le forze e poi ripartirono, felici di camminare sull'erba morbida e fresca. Non passò molto che rimisero piede sulla strada che li avrebbe portati alla Città di Smeraldo dove dimorava il grande Oz.
Adesso la strada era liscia, ben lastricata e il paesaggio era magnifico. I viaggiatori furono ben felici di allontanarsi dal bosco cupo e da tutti i pericoli che avevano incontrato tra le sue ombre.C'erano di nuovo degli steccati ai lati della strada, ma non più dipinti di blu, bensì di verde. E quando raggiunsero la casetta di un contadino si accorsero che era dello stesso colore brillante.
Proseguendo nel pomeriggio si imbatterono in altre casette verdi; a volte qualcuno spuntava sull'uscio e guardava i viaggiatori come se avesse voluto fare delle domande; ma nessuno si avvicinò, nessuno osò aprire bocca: erano tutti terrorizzati dal Leone.

La gente indossava vestiti di un delizioso color smeraldo e cappelli a punta uguali a quelli dei Munchkin.
"Questo dev'essere il Regno di Oz" disse Dorothy. "Siamo sicuramente vicini alla Città di Smeraldo."
"Già" concordò lo Spaventapasseri. "Qui tutto è verde, mentre nel paese dei Munchkin il colore predominante era il blu. Però la gente sembra meno ospitale dei Munchkin. Temo che sarà difficile trovare un rifugio per la notte."
"Io sono stanca di mangiare solo frutta" disse Dorothy, "e Toto sta morendo di fame. Fermiamoci alla prima casa che troviamo e chiediamo ospitalità."
Così, quando raggiunsero una bella fattoria, Dorothy bussò alla porta, baldanzosa. Una donna allora socchiuse il battente quanto bastava per sbirciare fuori e disse: "Che cosa vuoi, bambina? E perché sei in compagnia di quel grosso Leone?"
"Vorremmo passare la notte al coperto, se lei ce lo permette, signora! Il Leone è un mio amico e non farebbe del male a una mosca" rispose Dorothy.
"È addomesticato?" chiese la donna aprendo un po' di più la porta.
"Sì, signora. Ed è anche terribilmente codardo. È più spaventato lui di quanto lo siate voi tutti di lui."
La donna rifletté un poco, lanciò un'altra occhiata furtiva al Leone e disse: "Bene. In questo caso potete entrare. Vi preparerò la cena e vi darò un giaciglio per la notte".
Così entrarono tutti nella casa dove, oltre alla donna, c'erano un uomo e due bambini; l'uomo si era fatto male a una gamba e se ne stava disteso su un divano, in un angolo. Tutti furono sorpresi nel vedere entrare quella strana comitiva e, mentre la donna era affaccendata ad apparecchiare la tavola, il padrone di casa chiese: "Dove siete diretti?"
"Alla Città di Smeraldo" rispose Dorothy "per vedere il grande Oz."
"Accidenti!" esclamò l'uomo. "E siete certi che lui voglia ricevervi?"
"E perché non dovrebbe?" disse la bambina.
"Perché si dice che non lasci entrare nessuno. Io sono stato molte volte nella Città di Smeraldo, ed è davvero un posto stupendo, ma

non mi è mai stato permesso di vedere il grande Oz, né so di qualcuno che lo abbia mai visto."
"Non esce mai?" domandò lo Spaventapasseri.
"Mai. Se ne sta sempre seduto sul suo grande trono nel suo palazzo e neanche chi lo serve l'ha mai visto in faccia."
"E che aspetto ha?" si stupì Dorothy.
"È difficile risponderti" disse l'uomo, pensieroso. "Oz è un grande mago e può assumere qualsiasi forma. Un giorno può essere un uccello, un giorno un elefante e un altro un gatto. A qualcuno è apparso nelle vesti di una bella fata, a qualcuno come un folletto. Ma nessuno sa quale sia il suo vero aspetto."
"È davvero strano" ammise Dorothy, "ma noi dobbiamo cercare assolutamente di vederlo, altrimenti avremmo fatto un viaggio così lungo e pericoloso per niente."
"Perché volete incontrarlo?" volle sapere l'uomo.
"Io vorrei che mi desse un po' di cervello" disse lo Spaventapasseri.
"Be', a lui non sarà certo difficile" dichiarò l'uomo. "Di cervello ne ha in abbondanza."
"E io desidero tanto un cuore" disse l'Uomo di Latta.
"Non sarà un problema per lui neanche questo: Oz ha un'enorme collezione di cuori, di tutti i tipi e tutte le misure" continuò l'uomo.
"Io invece vorrei che mi desse del coraggio" disse il Leone Codardo.
"Nella sala del trono, Oz ha un vaso traboccante coraggio" affermò l'uomo "e lo tiene chiuso con un coperchio d'oro perché non voli via. Penso che sarebbe felice di regalartene un po'."
"E io voglio che mi aiuti a tornare nel Kansas" concluse Dorothy.
"Dov'è il Kansas?" chiese l'uomo, sorpreso.
"Non lo so di preciso. Ma la mia casa è là, perciò da qualche parte deve pur trovarsi."
"È molto probabile, sì. Comunque Oz può fare tutto e vedrai che saprà anche dove si trova questo Kansas. Però prima dovrete riuscire ad avvicinarlo e questo sarà molto difficile, perché il grande Oz non ama incontrare nessuno e di solito se ne sta da solo. Tu, piuttosto, che cosa vuoi?" continuò, rivolto a Toto.

Toto gli scodinzolò, perché, strano a dirsi, lui non poteva parlare. A quel punto la donna annunciò che la cena era in tavola e tutti si precipitarono a prendere posto. Dorothy mangiò dell'ottimo porridge, uova strapazzate e una fetta di pane bianco, soddisfatta. Il Leone assaggiò un po' di porridge, ma non gli piacque affatto e disse che l'avena di cui era fatto era cibo per cavalli, non per leoni. Lo Spaventapasseri e l'Uomo di Latta come al solito non toccarono cibo. Toto mangiò un po' di tutto e fu felice di cenare per bene quella sera.

Quando fu il momento di andare a dormire, Dorothy si sdraiò nel lettino che la donna aveva preparato per lei e Toto si accucciò ai suoi piedi; il Leone rimase accanto alla porta per fare la guardia, lo Spaventapasseri e l'Uomo di Latta si sistemarono in un angolo, in piedi, e se ne stettero quieti per tutta la notte, anche se loro non potevano dormire.

La mattina dopo, all'alba, si rimisero in cammino e ben presto videro che il cielo si tingeva di uno strano color verde luminosissimo.

"Dev'essere la Città di Smeraldo" disse Dorothy.

Via via che procedevano, la luce verde si faceva sempre più intensa e la speranza di esser giunti alla fine del proprio viaggio si faceva sempre più grande; invece fu solo a pomeriggio inoltrato che arrivarono alle mura che circondavano la città. Erano alte e spesse e di un colore verde intenso.

La strada lastricata di pietre gialle finiva proprio davanti a una grande porta tempestata di smeraldi che scintillavano al sole, tanto da abbagliare perfino gli occhi dipinti dello Spaventapasseri. Accanto alla porta c'era un campanello. Dorothy lo suonò e udì, all'interno delle mura, un tintinnio argentino.

Poi, lentamente, la porta si aprì e tutti entrarono e si trovarono in un immenso salone con il soffitto a volta e le pareti che brillavano di un gran numero di smeraldi. Davanti a loro li accolse un omino alto più o meno come un Munchkin, vestito di verde dalla testa ai piedi e con la pelle verdognola. Aveva accanto a sé un grosso scatolone verde.

Quando vide Dorothy e gli altri chiese: "Che cosa siete venuti a fare nella Città di Smeraldo?"
"Vorremmo vedere il grande Oz" rispose la bambina.
L'omino fu così sorpreso da quelle parole che si sedette a pensare. "Sono anni che nessuno chiede più di vedere il grande Oz" disse, scuotendo il capo perplesso. "Egli è potente e terribile e se siete venuti a disturbare le sue profonde riflessioni per qualche sciocchezza, potrebbe andare su tutte le furie e annientarvi senza pensarci su due volte."
"Ma non sono sciocchezze" protestò lo Spaventapasseri "È molto importante. E ci hanno detto che Oz è un mago buono."
"È vero" ammise l'omino verde. "E governa la Città di Smeraldo con grande saggezza. Ma con chi non è onesto con lui o lo vuole vedere solo per curiosità è ancora più terribile. Ben poche persone hanno osato presentarsi a lui. Io sono il Guardiano della Porta ed è mio dovere, dato che me lo chiedete, accompagnarvi dal grande Oz. Ma prima dovrete mettervi questi occhiali."
"Perché?" chiese Dorothy.
"Se non metteste gli occhiali, lo splendore e la magnificenza della Città di Smeraldo vi accecherebbe. Anche gli abitanti della città li devono indossare giorno e notte. Ma sono tutti chiusi al sicuro, perché ha ordinato così il grande Oz quando ha costruito la città, e le chiavi le ho soltanto io."
L'omino aprì lo scrigno e Dorothy vide che era piena di occhiali di tutte le forme e dimensioni, tutti con le lenti verdi. Il Guardiano della Porta ne trovò un paio giusti per Dorothy e glieli sistemò sul naso. C'erano due legacci d'oro che l'omino le annodò sulla nuca e che fermò poi con un lucchetto, chiudendolo con una piccola chiave d'oro che portava al collo, appesa a una catenella. Dorothy non avrebbe potuto toglierli neanche se lo avesse voluto. Ma ovviamente lei non desiderava affatto toglierli e restare accecata dallo splendore della Città di Smeraldo. Così non protestò.
Poi il Guardiano della Porta mise gli occhiali allo Spaventapasseri, all'Uomo di Latta, al Leone Codardo e anche a Toto e li chiuse tutti

con la chiave. Poi ne inforcò un paio anche lui e disse che erano pronti per andare al palazzo.
Prese una grossa chiave d'oro che stava appesa a un gancio sul muro, aprì un'altra porta e Dorothy e i suoi amici lo seguirono attraverso la porta nelle strade della Città di Smeraldo.

11 La meravigliosa città di Oz

Persino con la protezione degli occhiali verdi, gli occhi di Dorothy rimasero ugualmente abbagliati dallo splendore della Città di Smeraldo. Le vie erano costeggiate da case e palazzi di marmo verde incrostato di smeraldi e loro camminavano su strade lastricate dello stesso marmo verde e tra un lastrone e l'altro spuntavano altri smeraldi che luccicavano alla luce del sole. Le finestre avevano vetri verdi e perfino il cielo e i raggi del sole erano dello stesso colore brillante. C'era molta gente per le strade, uomini, donne e bambini, tutti quanti vestiti di verde e con la pelle verdastra, che osservavano curiosi la piccola comitiva. Alla vista del Leone i bambini si nascondevano dietro le madri. Ma nessuno rivolse loro la parola.
C'erano moltissimi negozi e Dorothy notò che tutto ciò che era esposto era verde: dolci, pop corn, scarpe, cappelli, vestiti di tutte le fogge. A un angolo della strada un uomo vendeva limonata verde e i bambini che la compravano pagavano con monetine verdi.
Non si vedevano cavalli o animali di nessun genere. Per trasportare gli oggetti la gente spingeva dei carrettini verdi a mano e tutti apparivano felici e tranquilli.
Il Guardiano della Porta condusse gli ospiti per le strade fino a un grande palazzo proprio al centro della città, dove risiedeva il Mago di Oz. Davanti al portone c'era un soldato in uniforme verde con la barba dello stesso colore.
"Ecco gli stranieri. Chiedono di essere ammessi alla presenza del Mago Oz" gli disse il Guardiano della Porta.
"Fate un passo in avanti. Andrò a portare il vostro messaggio" rispose il soldato.
Così varcarono il portone del palazzo e furono introdotti in un salone con il pavimento ricoperto da un tappeto verde e le pareti scintillanti di smeraldi; dopo aver fatto pulire loro i piedi su uno zerbino verde il soldato li fece sedere e disse loro con gentilezza: "Per favore,

accomodatevi. Ora vado alla sala del trono ad annunciare il vostro arrivo al grande Oz".
Dovettero aspettare parecchio prima che il soldato tornasse da loro. Quando lo rividero, Dorothy chiese: "Hai visto Oz?"
"Oh, no. Non l'ho mai visto in faccia. Ma gli ho riferito il vostro messaggio da dietro un paravento e lui ha detto che, se questo è il vostro desiderio, è disposto a darvi udienza, ma ciascuno di voi dovrà andare da solo e ciascuno in un giorno diverso. Quindi, poiché dovrete fermarvi qui per un bel po' di tempo, ora vi farò accompagnare nelle vostre stanze, in modo che possiate riposarvi del lungo viaggio."
"Grazie" disse Dorothy. "È molto gentile da parte sua."
Il soldato soffiò con il suo fischietto verde e subito comparve una deliziosa ragazza vestita di verde, con occhi e capelli verdi, che fece un grande inchino a Dorothy, dicendo: "Seguimi e ti mostrerò la tua stanza".
Dorothy si separò dagli amici ma non da Toto, che continuò a stringere tra le braccia e seguì la ragazza attraverso sette corridoi e tre scalinate, fino a una stanza che dava sulla facciata del palazzo.
Era la più bella cameretta del mondo, con un morbido letto dalle lenzuola verdi con un copriletto di velluto verde. Al centro c'era una fontana di marmo verde da cui zampillava acqua verde e profumata. Alle finestre c'erano fiori verdi e su uno scaffale verde c'erano dei piccoli libri sempre verdi. Dorothy ne sfogliò qualcuno e vide che erano pieni di buffe illustrazioni dello stesso colore che le misero allegria. C'era anche un armadio con tanti vestiti verdi di seta, raso e velluto. Dorothy ne provò qualcuno e si rese conto che erano tutti proprio della sua misura.
"Fai come se fossi a casa tua. E se ti serve qualcosa, suona il campanello" disse la ragazza. "Il Mago Oz manderà qualcuno a prenderti domattina."
Poi la ragazza se ne andò a occuparsi degli altri ospiti. E così anche lo Spaventapasseri, l'Uomo di Latta e il Leone Codardo ebbero una comoda stanza tutta per loro, nella parte più bella del palazzo. Lo

Spaventapasseri non poté approfittarne molto, per la verità: non appena rimase solo, si mise in un angolo, in piedi vicino alla porta, in attesa che arrivasse la mattina. Stare sdraiato non lo riposava affatto, non poteva chiudere gli occhi dipinti e, per tutta la notte, non fece altro che osservare un ragno che tesseva la sua ragnatela sulla parete in alto, come se non si trovasse in una delle stanze da letto più belle del mondo.

L'Uomo di Latta, invece, si distese sul letto per forza d'abitudine, perché la cosa gli ricordava quand'era ancora fatto di carne e ossa, ma non riuscì a dormire e così passò la notte a muovere le giunture per essere sicuro che non avessero neanche un filo di ruggine.

Il Leone avrebbe preferito un letto di foglie secche, non gli piaceva affatto trovarsi chiuso in una stanza; però sapeva anche adattarsi e, saltato sul letto, si acciambellò comodamente come un gattone e si addormentò in un minuto.

La mattina seguente dopo colazione, la cameriera verde del giorno prima venne a prendere Dorothy e le fece indossare uno dei vestiti più belli dell'armadio, di broccato verde. Lei mise sopra un grembiulino di seta verde e fece un fiocco con un nastro verde al collo di Toto, poi seguì la ragazza, diretta verso la sala del trono del grande Oz. In un immenso salone erano riuniti molti cortigiani vestiti sfarzosamente, non avevano niente di meglio da fare che chiacchierare, ma ogni mattina si presentavano davanti alla sala del trono, anche se nessuno era mai stato ammesso al cospetto di Oz.

Quando Dorothy entrò, suscitò la curiosità generale e uno dei cortigiani le chiese, in un sussurro: "È vero che stai per vedere in faccia il terribile Oz?"

"Certo" rispose lei. "Se lui vorrà ricevermi."

"Oh, certo che ti riceverà" disse il soldato che aveva annunciato l'arrivo della bambina al suo signore il giorno precedente, "anche se, di solito, non gli va di farsi vedere da qualcuno. Quando ieri gli ho parlato di te e della tua richiesta di tornare a casa, dapprima si è infuriato. Poi ha voluto sapere com'eri fatta; gliel'ho spiegato, e quando sono arrivato alle scarpette d'argento d'improvviso ha cominciato a interessarsi. Quando poi, alla fine, gli ho descritto il segno che hai sulla fronte, ha deciso di ammetterti alla sua presenza."

Proprio in quel momento squillò un campanello e la cameriera verde disse a Dorothy: "Questo è il segnale. Devi recarti da sola nella sala del trono".

Dorothy allora aprì una porticina e, facendosi coraggio, entrò. Si trovò in un posto bellissimo. Era una grande stanza circolare con il soffitto a cupola costellato di smeraldi, così come tutte le pareti e il pavimento. Al centro del soffitto una grande luce verde illuminava a giorno il salone e regalava splendidi riflessi agli smeraldi. Ma ciò che la sbalordì fu il grande trono di marmo verde al centro della sala. Aveva la forma di una sedia e luccicava di gemme preziose. Sul trono, c'era una testa enorme, senza tronco, né gambe né braccia. Senza capelli, ma con enormi occhi, un enorme naso e un'enorme bocca. Una testa più grande di quella di un gigante.

Mentre Dorothy la fissava tra lo stupore e la paura, gli occhi ruotarono lentamente e la inchiodarono con uno sguardo penetrante. Poi la bocca si aprì e pronunciò queste parole: "Io sono Oz, il grande e terribile Oz. Chi sei tu? E perché mi hai cercato?"

La voce non era così spaventosa come ci si sarebbe aspettati da quella testa mostruosa. Così la bambina si fece coraggio e rispose: "Sono Dorothy, una bambina piccola e indifesa. E sono venuta a chiedere il tuo aiuto".

Gli occhi la guardarono pensierosi per più di un minuto, poi la voce disse: "Dove hai preso quelle scarpette d'argento?"

"Le ho prese alla perfida Strega dell'Est quando la mia casa le è piombata addosso, uccidendola" rispose Dorothy.

"E quel segno luminoso che hai sulla fronte, da dove viene?" continuò la voce.

"È lì che la buona Strega del Nord mi ha baciato quando mi ha salutato, dicendomi di venire da te" disse la bambina.

Gli occhi la guardarono con durezza e seppero che stava dicendo la verità. Poi Oz chiese: "Che cosa vuoi da me?"

"Fammi tornare nel Kansas da zio Henry e zia Em" chiese seria. "Il

tuo paese è bellissimo, ma a me non piace stare qua. E poi, chissà come saranno in pensiero gli zii per la mia scomparsa!"
Gli occhi si chiusero per tre volte, poi ruotarono come per abbracciare con lo sguardo tutta la stanza, dal soffitto al pavimento, infine si posarono di nuovo su Dorothy.
"Perché mai dovrei aiutarti?" chiese Oz.
"Perché tu sei potente e io sono debole. Perché tu sei un grande Mago che può tutto e io una povera bambina sola e indifesa."
"Ma tu sei stata abbastanza forte da uccidere la perfida Strega dell'Est" ribatté Oz.
"È stato un caso, quello. Io non ho fatto nulla" rispose Dorothy con semplicità.
"Bene" disse la testa. "Ti darò la mia risposta. Tu non puoi pretendere che ti faccia tornare nel Kansas senza che tu faccia qualcosa per me, in cambio. In questo paese non si dà niente per niente. Se vuoi che usi la mia potente magia per rimandarti a casa, devi compiere un'impresa. Aiutami e io ti aiuterò."
"Cosa dovrei fare?" domandò Dorothy.
"Uccidi la perfida Strega dell'Ovest" rivelò Oz.
"Non posso farlo!" protestò Dorothy.
"Hai ucciso la perfida Strega dell'Est e calzi le sue scarpette d'argento che hanno grandi poteri magici. Ma c'è ancora una strega cattiva in questo paese: quella dell'Ovest. Quando mi verrai a dire che l'hai uccisa, io ti rimanderò nel Kansas. Ma non prima."
Dorothy scoppiò in lacrime per la terribile delusione. I grandi occhi di Oz si chiusero di nuovo e poi la fissarono in ansia, come se Oz sapesse che solo lei, se avesse acconsentito, avrebbe potuto riuscire in quell'impresa.
"Io non ho mai ucciso nessuno, almeno volontariamente!" singhiozzò Dorothy. "Ma, anche se volessi, come potrei ammazzare la perfida Strega dell'Ovest? Se non puoi farlo tu, potente come sei, come pensi che potrei riuscirci io?"
"Non lo so" disse la testa, "ma questa è la mia risposta: finché la perfida Strega dell'Ovest non sarà morta, tu non rivedrai né i tuoi zii

né il Kansas. Ricorda che la Strega dell'Ovest è una strega davvero cattiva, e deve essere uccisa. Adesso vai e non chiedere di rivedermi fino a che non avrai compiuto la tua missione."

Singhiozzando, Dorothy lasciò la sala del trono; fuori c'erano lo Spaventapasseri, l'Uomo di Latta e il Leone, che aspettavano ansiosi di sapere il risultato dell'incontro.

"Non ho più alcuna speranza di tornare a casa" disse loro. "Oz non mi aiuterà fino a quando non avrò ucciso la perfida Strega dell'Ovest: e questo non potrò mai farlo."

I tre amici erano molto dispiaciuti per lei, ma non potevano far niente per aiutarla, così lei andò in camera sua, si sdraiò sul letto e pianse fino a che si addormentò, sfinita.

La mattina dopo il soldato con i baffi verdi bussò alla camera dello Spaventapasseri e disse: "Vieni con me. Oz ti aspetta".

Lo Spaventapasseri lo seguì e fu ammesso nella grande sala del trono, dove lo aspettava seduta sullo scranno di marmo verde una bellissima signora vestita di seta verde, con una corona di smeraldi sui lunghi capelli verdi. Aveva due leggerissime ali verdi che le spuntavano dalle spalle, che si muovevano a ogni soffio d'aria.

Dopo che lo Spaventapasseri si fu inchinato davanti a lei quanto gli permetteva il suo corpo impagliato, la bella signora lo guardò con dolcezza e gli disse: "Io sono Oz, il grande e terribile Oz. Chi sei tu? E perché sei voluto venire al mio cospetto?"

Lo Spaventapasseri, che si era aspettato di vedere la testa mostruosa che Dorothy gli aveva descritto, lì per lì rimase senza parole; poi si fece coraggio.

"Sono solo uno Spaventapasseri imbottito di paglia. Non ho cervello e sono venuto qua a chiedertene un po', in modo da diventare un uomo, come quelli che circolano nel tuo regno."

"Perché dovrei aiutarti?" chiese la dama.

"Perché tu sei saggia e potente e nessun altro può aiutarmi" rispose lo Spaventapasseri.

"Io non concedo mai favori senza essere contraccambiato" disse Oz. "Ma ti prometto questo: se ucciderai per me la perfida Strega dell'Ovest, ti concederò un cervello straordinario, che ti renderà il più saggio tra gli abitanti del paese."

"Pensavo che avessi chiesto a Dorothy di uccidere la strega" ribatté lo Spaventapasseri, disorientato.

"Proprio così. Non mi importa chi sarà a sbarazzarmi di lei. Comunque sia, finché la perfida Strega dell'Ovest sarà su questa terra, io non esaudirò il tuo desiderio. Adesso vai via e non tornare fino a quando non ti sarai guadagnato quel cervello che tanto desideri."

Lo Spaventapasseri, triste e deluso, tornò dai suoi amici e raccontò loro quel che Oz gli aveva detto. Dorothy fu sorpresa nel sentire che il mago gli era apparso come una bellissima donna e non sotto forma di testa mostruosa.

"Comunque sia" disse lo Spaventapasseri, "Oz non ha un briciolo di cuore, né più né meno dell'Uomo di Latta."

La mattina seguente, il soldato con i baffi verdi andò dal Taglialegna e gli disse: "Oz mi ha mandato da te. Seguimi".

Così l'Uomo di Latta si incamminò verso la sala del trono chiedendosi se Oz avrebbe avuto l'aspetto di una testa o quello di una bella signora, anche se in cuor suo sperava di incontrare una dama gentile. "Se fosse una testa, non avrei alcuna speranza di ottenere un cuore, perché le teste non hanno cuore. Se invece fosse una dama, potrei supplicarla. Le dame di solito hanno un cuore tenero." Ma, quando entrò nella sala del trono, non trovò né una testa, né una dama, perché Oz aveva assunto le sembianze di una bestia mostruosa. Il trono, infatti, sosteneva a malapena il corpo simile a quello di un elefante, con una testa che ricordava quella del rinoceronte, ma dotata di ben cinque occhi. Dal tronco spuntavano cinque braccia e cinque gambe, lunghe e sottili, tutto coperto da un pelo ruvido. Insomma un vero e proprio mostro che peggio sarebbe stato difficile immaginarlo. Per fortuna il Taglialegna non aveva un cuore che potesse battere forte di paura. Ma essendo fatto di latta, non si spaventò affatto, provò solo una grande delusione.

"Io sono Oz, il grande e terribile Oz" disse la belva con una voce che sembrava un ruggito. "Chi sei tu? E perché mi hai cercato?"

"Sono un Taglialegna fatto di latta. Per questo non ho un cuore e non posso amare. Ti supplico di darmene uno per poter tornare a essere come tutti gli altri uomini."
"E perché mai dovrei farlo?" chiese la belva.
"Perché te lo chiedo con tutto me stesso e perché tu solo puoi esaudire questo mio desiderio" rispose il Taglialegna.
La belva ruggì, poi disse, arcigno: "Se vuoi ottenere un cuore, devi guadagnartelo".
"E come?" chiese il Taglialegna.
"Aiuta Dorothy a uccidere la perfida Strega dell'Ovest. Quando sarà morta ritorna da me e io ti concederò il cuore più dolce, più affettuoso e sensibile di tutto il regno" disse la bestia.
E così, anche l'Uomo di Latta tornò sconsolato dagli amici e raccontò loro dell'orribile bestia.
Tutti si stupirono per quelle continue trasformazioni del Mago e il Leone disse: "Se avrà l'aspetto di una bestia mostruosa, quando riceverà me, io ruggirò a più non posso e lo spaventerò tanto che mi concederà tutto quello che gli chiedo. Se invece mi apparirà come una bella dama, fingerò di saltarle addosso e vedrete che sarà pronta a concedermi qualsiasi cosa. E se infine mi troverò davanti alla grande testa, allora la farò cadere giù dal trono e rotolare per la stanza finché non avrà promesso di accontentarci tutti. Siate allegri, amici, vedrete che tutto andrà bene!"
La mattina dopo il solito soldato con i baffi verdi lo accompagnò fin sulla soglia della sala del trono e lo fece entrare.
Il Leone si guardò intorno e fu sorpreso di vedere che davanti al trono c'era una gran palla di fuoco così luminosa che non si poteva fissarla per più di un istante.
Dapprima il Leone pensò che Oz avesse preso fuoco per chissà quale misteriosa ragione e che stesse bruciando vivo. Tentò di avvicinarsi, ma il calore era così forte che gli bruciacchiò i baffi. Allora fece precipitosamente marcia indietro e si fermò vicino alla porta tremante.
Dalla palla di fuoco uscì una voce profonda e tranquilla.
"Io sono Oz, il grande e terribile Oz. Tu chi sei? E perché mi cerchi?"

E il Leone rispose: “Sono un Leone Codardo, ho paura di tutto. Vengo a supplicarti di darmi del coraggio, per poter diventare davvero il Re degli Animali, come tutti mi chiamano”.
“Perché dovrei farlo?” disse la voce.
“Perché tu sei il più grande e potente tra tutti i maghi e tu solo puoi esaudire il mio desiderio.”
La palla di fuoco diventò sempre più incandescente, poi dette la sua risposta: “Portami la prova che la perfida Strega dell'Ovest è morta e avrai il coraggio che chiedi. Ma finché la strega sarà viva, resterai il vigliacco che sei”.
Il Leone avrebbe voluto ribattere, infastidito, ma non fu in grado di pronunciare una sola parola. E mentre la guardava, il calore divenne sempre più insopportabile, tanto che girò la coda e scappò via a gambe levate dalla stanza del trono.
Non appena fuori, fu felice di ritrovare i suoi amici e raccontò loro per filo e per segno il suo incontro con Oz.
“E ora, che si fa?” disse Dorothy, preoccupatissima.
“C'è una cosa soltanto da fare” replicò il Leone, “raggiungere il paese dei Winkie, trovare la perfida Strega dell'Ovest e ucciderla.”
“E se non ci riusciamo?” obiettò Dorothy.
“Allora io non diventerò mai coraggioso” dichiarò il Leone.
“Io non avrò mai un cervello” aggiunse lo Spaventapasseri.
“Né io un cuore” disse l'Uomo di Latta.
“E io non rivedrò mai più zio Henry e zia Em” concluse Dorothy. E scoppiò in singhiozzi.
“Stai attenta. Non piangere” l'ammonì la cameriera con gli occhi e i capelli verdi. “Altrimenti le lacrime ti cadranno sul vestito e lo rovineranno.”
Dorothy si asciugò le lacrime e disse ai compagni: “Sembra proprio che dobbiamo fare un tentativo, ma vi assicuro che non ho alcuna intenzione di ammazzare una persona. Neanche se così non dovessi più vedere zia Em”.
“Verrò con te, ma io sono troppo vigliacco per uccidere la strega” ammise il Leone.

"Verrò anch'io" si fece avanti lo Spaventapasseri, "anche se non credo che vi sarò di grande utilità, visto che sono senza cervello."
"Io non ho il cuore di far del male a una strega" proclamò l'Uomo di Latta, "tuttavia, se decidete di andare, verrò con voi."
E così venne presa la decisione di partire l'indomani mattina.
Il Taglialegna affilò ben bene la sua scure su una mola di pietra verde e dette un'oliatina alle sue giunture. Lo Spaventapasseri si imbottì di paglia fresca e Dorothy gli ridipinse per bene gli occhi in modo che potesse vederci meglio.
La cameriera verde, che era sempre stata gentile con loro, riempì il cestino di Dorothy di tante cose buone da mangiare e legò un nastro verde con un campanellino al collo di Toto.
Poi tutti se ne andarono a letto e dormirono fino allo spuntare del giorno, quando furono svegliati dal verso di un gallo verde che viveva in un cortile dietro il palazzo, e dai coccodè di una gallina che aveva appena deposto un uovo verde.

12 Alla ricerca della perfida Strega

Il soldato con i baffi verdi accompagnò Dorothy e i suoi compagni lungo le strade della Città di Smeraldo fino alla casa del Guardiano della Porta. Questi con la sua chiavetta d'oro tolse gli occhiali a tutti e cinque e li ripose nel grande scrigno, poi spalancò loro con gentilezza la porta.

"Quale strada dobbiamo prendere per trovare la perfida Strega dell'Ovest?" gli chiese Dorothy, prima di salutarlo.

"Non c'è nessuna strada" rispose il Guardiano della Porta "perché nessuno si augurerebbe mai di doverla percorrere."

"E allora, come riusciremo a trovarla?" si impensierì Dorothy.

"Sarà semplice: non appena saprà che siete entrati nel paese dei Winkie, ci penserà lei a trovarvi e a rendervi suoi schiavi."

"Non è mica detto che le cose vadano così" disse lo Spaventapasseri, "saremo noi a trovarla per primi e a ucciderla."

"Be', allora è diverso" replicò il Guardiano della Porta. "Dato che nessuno finora è mai riuscito a farla fuori, ho pensato la cosa più ovvia, ovvero che vi avrebbe resi suoi schiavi come fa con tutti i forestieri che gli capitano a tiro. State attenti, però. È una strega ferocissima e sono certo che non vorrà saperne di farsi uccidere. Dirigetevi verso ovest, là dove tramonta il sole, e non potrete non trovarla."

Dorothy e gli altri ringraziarono, salutarono e si misero in cammino verso ovest, camminando su distese di soffice erba costellate di margherite e ranuncoli. Dorothy indossava ancora il bel vestito di broccato trovato nell'armadio della sua camera nel palazzo di Oz. D'un tratto però, con somma sorpresa, si accorse che non era più colorato di verde, ma di un bianco splendente, candido. Anche il nastro al collo di Toto era diventato dello stesso colore!

Ormai la Città di Smeraldo era sempre più lontana alle loro spalle. Via via che proseguivano verso ovest, il paesaggio cambiava, diventando brullo e montuoso, un deserto senza case né fattorie.

Nel pomeriggio il calore del sole diventò quasi insopportabile, senza neppure l'ombra di un albero a offrir loro riparo. Al tramonto Dorothy, il Leone Codardo e Toto erano così stanchi che si distesero per terra e si addormentarono, mentre lo Spaventapasseri e l'Uomo di Latta si accontentarono sì di riposare ma, da brave sentinelle, rimasero sempre all'erta.

Bisogna dire a questo punto che la perfida Strega dell'Ovest aveva certamente un occhio solo, ma talmente potente che riusciva a vedere proprio dappertutto. Così, mentre se ne stava seduta sulla porta del suo castello, guardandosi distrattamente attorno, vide Dorothy addormentata, circondata dai suoi amici. Erano ancora lontani miglia e miglia, ma lei si infuriò lo stesso di averli sorpresi nel suo territorio; così soffiò in un fischietto d'argento che teneva appeso al collo.

Un branco di grossi lupi con lunghe zampe, occhi feroci e zanne acuminate subito sbucò da ogni direzione.

"Andate da quei forestieri laggiù e fateli a pezzi" ordinò la perfida strega.

"Non vuoi farli schiavi?" chiese il capo del branco.

"No. Uno è fatto di paglia e un altro di latta. Poi ci sono una bambina e un leone: nessuno di loro potrebbe lavorare, dunque è meglio che li sbraniate."

"Ai tuoi ordini" disse il capobranco.

E, con un ululato, dette il segnale di partenza ai compagni che si precipitarono alle sue calcagna.

Per fortuna lo Spaventapasseri e l'Uomo di Latta erano ben svegli e sentirono arrivare il branco di lupi. Il Taglialegna disse, rivolto al compagno: "A questi ci penso io: li rispedirò al mittente, tu riparati dietro le mie spalle".

Afferrò l'ascia affilata come un rasoio e, non appena il capo dei lupi gli giunse a tiro, la fece roteare nell'aria e con un solo colpo gli staccò la testa. Ed ecco giungere un'altra belva. Altro colpo, altra testa mozzata di netto.

Il branco era composto da quaranta lupi. Uno a uno, il prode

Uomo di Latta tagliò la testa a tutti finché non gli restò innanzi che un gran mucchio di cadaveri. Solo allora depose la scure e si sedette accanto allo Spaventapasseri che lo elogiò: "Bravissimo! Hai combattuto da eroe".

Quando al mattino si svegliò, Dorothy si prese un bello spavento nel vedere quella gran catasta di lupi morti: aveva dormito così profondamente che non si era accorta di niente. Il Taglialegna le fece allora un resoconto dell'accaduto durante il quale Dorothy dispensò elogi a non finire. Poi fecero colazione con le provviste avute dalla cameriera verde prima di rimettersi in viaggio.

Anche la strega era già sveglia e aveva già fatto colazione; andò sulla porta del castello, si guardò intorno con quel suo unico occhio potentissimo e cosa vide? Vide tutti i lupi morti e i forestieri ancora in cammino nel suo regno. Questo la rese ancor più furiosa della sera precedente: soffiò due volte nel fischietto d'argento e subito dal cielo apparve un gran numero di corvi, così tanti da oscurare il sole. Allora ordinò al loro re: "Raggiungete quegli stranieri, beccate loro gli occhi, fateli a brandelli!"

I corvi, compatti, volarono verso Dorothy e i suoi compagni. La ragazzina si spaventò moltissimo, nel vedere quella gran nube nera e minacciosa, ma lo Spaventapasseri intervenne: "Ora tocca a me: riparatevi qui vicino da qualche parte e non abbiate paura".

Poi fece qualche passo avanti e spalancò le braccia. I corvi, come accade di solito quando vedono uno spaventapasseri, si impaurirono moltissimo, e non osarono avvicinarsi oltre. Il re li incitò: "È solo un uomo di paglia: ora gli cavo gli occhi!"

E si avventò contro lo Spaventapasseri il quale lo afferrò per il collo, stringendolo così forte da soffocarlo. Un secondo si fece avanti e subì la stessa sorte.

I corvi erano quaranta e per quaranta volte lo Spaventapasseri torse colli, finché si trovò mezzo sepolto da un gran mucchio di uccelli neri morti. Solo allora gridò ai suoi compagni: "Non c'è più pericolo, possiamo riprendere il nostro cammino!"

E così fecero.

Quando la perfida Strega dell'Ovest si affacciò di nuovo alla porta del castello e vide che tutti i suoi corvi erano stati uccisi, esplose di rabbia. Soffiò per tre volte nel fischietto d'argento e subito dopo, con un gran ronzio, arrivò uno sciame di api nere.

"Pungete quei viandanti, laggiù, fino a farli morire!" ordinò. "Sbarazzatemi di loro una volta per tutte."

Le api obbedirono pronte, volando a gran velocità. Ma l'Uomo di Latta le vide da lontano e lo Spaventapasseri, anche senza cervello, ideò subito uno stratagemma.

t

Il Taglialegna obbedì e Dorothy, Toto e il Leone quasi scomparvero sotto un alto strato di paglia.

Quando le api arrivarono, c'era rimasto solo il Taglialegna da pungere e lo attaccarono in massa. Ma i loro pungiglioni si spezzarono contro il metallo. Siccome le api private del pungiglione non possono vivere, morirono tutte, formando intorno al Taglialegna uno strato nero simile al carbone.

Allora Dorothy e il Leone Codardo si scrollarono la paglia di dosso e la bambina aiutò il Taglialegna a riempire di nuovo di paglia lo Spaventapasseri, che tornò più in forma di prima. Poi si rimisero in cammino.

E la perfida Strega dell'Ovest cosa fece?

Quando, con il suo unico acutissimo occhio, ebbe visto quei mucchi di api morte, simili a carbone, per poco non si strozzò dalla rabbia: pestò i piedi, si strappò i capelli, digrignò i denti. Infine chiamò una dozzina dei suoi schiavi, tutti appartenenti al popolo dei Winkie, diede a ciascuno una lancia dalla punta acuminata e ordinò: "Annientate quei forestieri che hanno osato entrare nel mio regno! Infilzateli!"

I Winkie non erano gente molto coraggiosa, ma non avrebbero disobbedito mai alla perfida strega, perciò si misero in marcia. Erano ancora distanti qualche centinaio di metri, quando il Leone spalancò la bocca e ruggì come mai aveva ruggito, spiccando al contempo un gran balzo verso di loro. Quelli si presero un così tremendo spavento da darsela a gambe in un baleno. Tornati al castello, la strega li frustò, rispedendoli immediatamente ai loro lavori, poi si sedette in poltrona per riflettere sul da farsi. Non riusciva a credere che tutti i suoi piani per sbarazzarsi degli stranieri fossero falliti: non era mai accaduto prima. A questo punto, avrebbe usato la magia, di cui era molto esperta.

In un comò teneva riposto un berretto d'oro con sopra incastonati diamanti e rubini. Si trattava di un cappello magico: chi lo possedeva poteva chiamare per tre volte le Scimmie Alate e queste avrebbero obbedito a qualsiasi ordine. Ma solo per tre volte, non una di più.

La perfida strega era già ricorsa al loro aiuto per ben due volte: la prima, quando aveva reso schiavi tutti i Winkie, diventando la sovrana assoluta del paese; la seconda, quando aveva combattuto contro il grande Oz in persona e l'aveva sconfitto. Ora le restava solo un'altra possibilità. Avrebbe preferito non sprecarla, ma che altro poteva fare, visto che non aveva più né lupi, né corvi, né api e che i suoi schiavi erano stati spaventati a morte dal Leone Codardo? Non le restava che quell'unica via per distruggere Dorothy e i suoi amici. Così tolse il berretto dal comò e se lo calcò in testa. Poi si mise in equilibrio su una gamba sola, la sinistra, e disse ad alta voce: "Ep-pe, pep-pe, tap-pe!"

Dopo aver posato la sinistra, si tenne in equilibrio sulla gamba destra e disse, a voce ancor più alta: "Rin, pin, bao!"

Infine poggiò entrambi i piedi a terra e con voce altissima gridò: "Ziz-zi, ruz-zí, zac!"

La formula magica ebbe immediatamente effetto. Il cielo si oscurò e si udì un suono cupo. Poi ci fu un gran batter d'ali, risa e voci confuse e d'improvviso il sole tornò a risplendere rivelando la perfida strega circondata da una moltitudine di scimmie, ognuna con un paio di robuste ali sulla schiena.

Una di loro, quella più grossa delle altre, di certo il re, svolazzò verso la strega e le disse: "Ci hai chiamato per la terza e ultima volta. Quali sono i tuoi ordini?"

"Ci sono degli intrusi che si sono intrufolati nel mio territorio" disse la perfida strega. "Eliminateli tutti, fatto salvo il Leone: è molto ro-

busto e dopo averlo bardato come un cavallo lo farò lavorare per me."
"I tuoi ordini saranno eseguiti" assicurò la scimmia. Poi, con un gran baccano, la Scimmie Alate si allontanarono per dirigersi nel luogo dove si trovavano Dorothy e i suoi amici.
Giunte sul posto, alcune afferrarono l'Uomo di Latta, lo portarono in volo fin sopra a un canalone tappezzato di rocce taglienti e qui mollarono la presa, facendolo cadere dall'alto. Il poveretto si ammaccò talmente tanto che non solo non riuscì a rialzarsi, ma non ebbe neanche il fiato di dolersi e di chiedere aiuto.
Altre scimmie afferrarono invece lo Spaventapasseri e, con le loro dita affusolate, lo svuotarono di tutta la sua imbottitura. Del vestito, del berretto e degli stivali ne fecero un fagotto che lanciarono in alto, sulla cima di un albero altissimo. Le scimmie rimaste immobilizzarono il Leone con una corda robustissima, lo legarono stretto in modo che non potesse più graffiare, mordere e difendersi, quindi lo trasportarono nel castello, dove lo chiusero in un recinto fatto con pali di ferro da cui mai e poi mai avrebbe potuto scappare.
Dorothy intanto era rimasta immobile, quasi paralizzata, con Toto tra le braccia, a guardare lo scempio dei suoi poveri compagni, con gli occhi pieni di lacrime, chiedendosi quando sarebbe stato il suo turno. Nemmeno a dirlo, il Re delle Scimmie Alate era volato verso di lei e, dopo aver steso le sue lunghe braccia pelose, si apprestava a ghermirla quando notò sulla fronte della ragazzina il segno luminoso lasciatole dal bacio della buona Strega del Nord. Si fermò di botto e fece cenno alle altre scimmie di non toccarla.
"Non possiamo far del male a questa bambina" disse loro "perché è protetta dalle forze del Bene che sono assai più potenti di quelle del Male. Portiamola al castello della perfida strega e lasciamola lì."
Con mille precauzioni, le Scimmie Alate sollevarono Dorothy e la trasportarono in volo fino al castello, deponendola sulla soglia. Quindi, il re delle scimmie disse alla strega: "Abbiamo fatto del nostro meglio per eseguire i tuoi ordini: l'Uomo di Latta e lo Spaventapasseri li abbiamo fatti fuori, mentre il Leone è immobilizzato e rinchiuso nel recinto di ferro. Ma a questa bambina e al suo cane

non possiamo fare alcun male. Il tuo potere nei nostri confronti si è quindi esaurito e ricordati che non potrai chiamarci mai più in tuo aiuto".
E tutte le Scimmie Alate, con un gran fruscio d'ali, grida e risate, si dileguarono nel cielo, sparendo ben presto dalla vista della strega.
La perfida strega osservò preoccupata e piena di rabbia il segno luminoso sulla fronte di Dorothy, un segno che avrebbe impedito anche a lei di nuocere alla bambina, così come era successo alle Scimmie Alate. Poi vide le scarpette d'argento e la rabbia divenne terrore, perché sapeva quali poteri magici avessero. Stava proprio per darsi alla fuga quando notò l'aria abbattuta e spaventata della piccola e ne dedusse che era all'oscuro degli enormi poteri delle scarpette che calzava. Si sentì subito sollevata e pensò che così avrebbe potuto renderla schiava senza ricorrere alla forza. Le disse perciò, in tono aspro: "Vieni con me e bada bene: dovrai obbedirmi in tutto e per tutto, se non vuoi fare la fine dei tuoi amici, l'Uomo di Latta e lo Spaventapasseri".
Dorothy la seguì docile, attraversando una quantità di stanze lussuose prima di giungere in cucina.
"Lucida pentole e padelle" le ordinò la strega, "spazza il pavimento, attizza il fuoco nel caminetto e porta su altra legna dalla cantina."
Dorothy si mise subito al lavoro, preoccupata di fare del suo meglio e sollevata perché la strega aveva deciso di non ucciderla.
Sistemata Dorothy, la perfida strega decise di recarsi nel recinto per bardare il Leone Codardo come un cavallo: aveva intenzione di attaccarlo alla sua carrozza e di andarsene a fare un giro: sarebbe stato davvero divertente!
Quando però spalancò il cancello, il Leone Codardo lanciò un ruggito così forte e le balzò addosso con un'aria tanto feroce che lei, terrorizzata, scappò chiudendosi dietro il cancello. Poi, a distanza di sicurezza, gli parlò di là dalle sbarre.
"Se non posso bardarti, posso farti morire di fame. Non ti darò niente da mettere sotto i denti finché non ti deciderai a fare a modo mio."
E così fece, tornando ogni giorno a mezzogiorno al recinto per chie-

dere: “Ti lascerai bardare come un cavallo?”
“Mai e poi mai” ruggiva il Leone. “E se osi metter piede qui dentro, ti azzanno.”
La ragione per cui il Leone non acconsentiva ai desideri della strega era presto detta: ogni sera, dopo che lei era andata a letto, Dorothy prendeva un po’ di carne dalla dispensa e di nascosto la portava all’amico. Poi si stendeva al suo fianco, poggiava la sua testa sull’ispida criniera e tutti e due si confidavano i propri guai, cercando di escogitare possibili piani di fuga. Purtroppo però non riuscivano mai a trovare il modo per uscire dal castello, costantemente sorvegliato dai Winkie gialli, così schiavi della perfida strega da non osare disobbedirle per paura.
Dorothy lavorava da mattina a sera senza soste e la perfida strega spesso minacciava di picchiarla con il manico del vecchio ombrello che portava sempre con sé. Non sapeva la ragazzina che si trattava di avvertimenti a vanvera, visto il segno che continuava a luccicarle sulla fronte: continuava ad avere una gran paura non solo per sé, ma anche per Toto.
Una sera la strega picchiò il cagnolino sulla testa, ma lui reagì e con coraggio le si avventò contro mordendole un polpaccio. Dalla ferita non uscì neanche una goccia di sangue: era talmente perfida che il suo sangue si era seccato ormai da molti anni.
Intanto il tempo passava e Dorothy diventava sempre più triste: ormai disperava di poter rivedere, un giorno, zio Henry, zia Em e il Kansas grigio e polveroso. A volte piangeva per ore e ore, con Toto disteso ai suoi piedi che la fissava, guaendo affranto per l’infelicità della sua padroncina. Per la verità Toto non sentiva nostalgia né per il Kansas né per nessun essere umano, ma capiva che la sua Dorothy era infelice e questo lo rattristava molto.
La strega, intanto, non faceva che pensare al modo di impadronirsi delle magiche scarpette d’argento di Dorothy. Ormai aveva esaurito tutte le sue magie: lupi, corvi e api erano morti, il berretto d’oro non serviva più a nulla; ma se quelle scarpette fossero diventate sue, avrebbe avuto molto più potere di quello che aveva perso. L’impresa, però,

non si presentava facile. Dorothy si toglieva le scarpette solo quando andava a letto o faceva il bagno e la strega aveva troppa paura del buio per entrare di notte nella stanzetta della bambina. E aveva ancor più paura dell'acqua, tanto da non sopportare neanche una goccia di pioggia sul vestito. Ma, nonostante tutti questi suoi timori, la sua astuzia non si era placata e così, alla fine, trovò uno stratagemma che le avrebbe procurato quello che andava cercando. Sistemò una sbarra di ferro in mezzo alla cucina poi, con i poteri magici che le erano rimasti, la fece diventare invisibile.

Poco dopo Dorothy entrò in cucina, inciampò nella sbarra invisibile e cadde a terra lunga distesa. Non si fece male, ma una delle scarpette d'argento le si sfilò dai piedi. La strega, prima che la bambina potesse correre a riprenderla, se n'era già impadronita e se l'era infilata, felice della riuscita dello stratagemma: ora metà del potere magico delle scarpette era suo!

Dorothy si arrabbiò molto per aver perso una di quelle scarpine a cui teneva tanto.

"Restituiscimela!" gridò alla perfida strega.

"No, mai. Adesso è mia."

"Sei proprio cattiva! Non hai alcun diritto di prenderla."

"Diritto o no, ora ce l'ho e me la tengo" sghignazzò la strega. "E, prima o poi, ti porterò via anche l'altra."

A queste parole Dorothy perse la pazienza, afferrò un secchio colmo d'acqua che aveva appena portato dal pozzo e lo scagliò addosso alla perfida strega inzuppandola da capo a piedi.

La vecchiaccia lanciò un grido fortissimo e, sotto lo sguardo sbigottito di Dorothy, cominciò a sciogliersi.

"Guarda che cosa mi hai fatto!" urlò. "Tra qualche minuto sarò completamente liquefatta."

"Mi dispiace tanto" disse Dorothy spaventata, mentre la strega continuava a squagliarsi come la cera di una candela.

"Non sapevi che l'acqua mi avrebbe fatto morire?" gemette la strega con una vocina flebile.

"No! Come avrei potuto saperlo?" disse Dorothy.

"Tra qualche istante non ci sarò più e il castello sarà tuo. Sono stata molto cattiva per tutta la vita, ma mai avrei immaginato che sarebbe stata una bambina come te a farmi morire e a metter fine alle mie cattive azioni. Ecco, è finita."

Con queste parole la perfida Strega dell'Ovest cadde a terra, trasformata in una pozza di liquido scuro sparso sul pavimento lucido della cucina.

Constatando che davvero la strega si era dissolta nel nulla, Dorothy gettò un altro secchio colmo d'acqua, e spinse tutto fuori dall'uscio. Raccolse la scarpetta d'argento – l'unica cosa rimasta di quella donna tanto malvagia – la pulì, la lucidò con uno straccio e se la infilò di nuovo.

Ora che finalmente era libera di fare tutto quello che voleva, corse ad avvertire il Leone della dipartita della perfida strega e della fine della loro prigionia in quello strambo regno.

13 Ancora insieme

Il Leone Codardo si mise a saltare dalla gioia quando seppe che la perfida strega si era liquefatta. E saltò ancora di più dopo che Dorothy ebbe aperto il cancello del recinto, liberandolo dalla sua lunga prigionia. Poi tornarono insieme al castello, dove Dorothy, per prima cosa, radunò i Winkie e annunciò loro che non erano più schiavi. I Winkie gialli furono felicissimi: da anni e anni la strega li costringeva a fare i lavori più pesanti ricevendo come ricompensa solo crudeltà. Decisero ora e per sempre che quel giorno sarebbe stata festa, e che avrebbero trascorso il resto del tempo ballando e divertendosi.

"Se lo Spaventapasseri e l'Uomo di Latta fossero qui con noi, la mia felicità sarebbe totale" disse il Leone.

"Possiamo provare a ritrovarli" propose Dorothy ansiosa.

"Va bene, proviamoci."

Chiamarono i Winkie e chiesero loro se erano disposti ad aiutarli a rintracciare i loro amici. I Winkie risposero che per lei, la loro liberatrice, avrebbero fatto qualsiasi cosa.

Dorothy formò un gruppo scegliendo i membri fra i Winkie più svegli e intelligenti e così la ricerca ebbe inizio. Camminarono per tutto il giorno e per parte di quello successivo, fino a quando giunsero al canalone roccioso sul cui fondo giaceva il povero Uomo di Latta, tutto ammaccato. Aveva accanto a sé la fedele ascia, ma la lama era arrugginita e il manico spezzato in due.

I Winkie lo sollevarono con delicatezza e lo riportarono al castello seguiti da Dorothy che piangeva per la cattiva sorte dell'amico, e dal Leone Codardo che teneva la coda bassa per la gran pena.

Non appena furono arrivati, Dorothy chiese ai Winkie: "C'è tra di voi qualche bravo fabbro?"

"Eccome" le risposero. "Ce ne sono di bravissimi tra la nostra gente."

"Allora chiamateli subito."

I fabbri arrivarono muniti di tutti gli attrezzi del mestiere, e Dorothy spiegò ciò che voleva.
"Sareste capaci di rimettere a nuovo il povero Uomo di Latta, di ridargli forma e saldare le sue fratture?"
I fabbri esaminarono accuratamente il Taglialegna e, alla fine, sentenziarono che sì, lo avrebbero rimesso a nuovo. Così si misero subito al lavoro in una delle grandi sale gialle del castello.
Per quattro giorni e quattro notti martellarono, batterono, limarono, saldarono, lucidarono gambe, testa, tronco e braccia e quando finalmente ebbero finito, il Taglialegna aveva ripreso l'aspetto di un tempo, con tutte le sue articolazioni che funzionavano a meraviglia. C'era qualche toppa che si notava un po', a dire il vero, ma lui non ci fece neppure caso e non pensò certo di lamentarsi con i fabbri perché non era mai stato un tipo vanitoso. Quando alla fine entrò nella stanza di Dorothy, per ringraziarla di averlo salvato, non poté trattenere una lacrima, immediatamente tersa dalla ragazzina per evitare che le articolazioni si arrugginissero. Nello stesso momento, e senza che ci fosse necessità di asciugarle, anche dal viso di Dorothy caddero grosse lacrime di gioia per aver ritrovato il suo vecchio amico. Anche il leone dovette ricorrere più e più volte al ciuffo della sua coda per tergersi le lacrime che gli riempivano gli occhi, fin quando non dovette uscire in cortile per farsele asciugare direttamente dal sole.
"Se qui con noi ci fosse anche lo Spaventapasseri!" sospirò il buon Taglialegna, quando alla fine Dorothy gli ebbe raccontato tutto quello che era accaduto dopo che le Scimmie Alate lo avevano gettato nel canalone. "Allora sì che la mia gioia sarebbe completa."
"Dobbiamo provare a trovarlo" disse Dorothy.
Di nuovo chiamò a raccolta i Winkie per farsi aiutare. Assieme a loro marciò per un giorno intero e per parte del nuovo, finché non arrivarono di fronte al grosso albero dove le Scimmie Alate avevano lanciato il fagotto con i vestiti dello Spaventapasseri. Il tronco era così liscio che nessuno avrebbe potuto arrampicarcisi.
"Ci penso io" disse l'Uomo di Latta. "Abbatterò l'albero così potremo recuperare i vestiti."

Era successo infatti che, mentre i Winkie erano impegnati a rimettere insieme il corpo dell'Uomo di Latta accasciato nel canalone, uno dei fabbri aveva pensato bene di riparare l'ascia e, giacché c'era, aveva rifatto il manico spezzato anziché in legno in oro massiccio.
Allo stesso tempo, qualcun altro aveva passato la lama sulla mola per rimuovere tutta la ruggine, facendola scintillare come fosse d'argento.
E così, senza neppure finir di parlare, il Taglialegna cominciò a menare dei gran colpi che in poco tempo abbatterono l'albero: i vestiti, il cappello e gli stivali dello Spaventapasseri si sparpagliarono a terra.
Subito Dorothy li raccolse e, assieme ai Winkie, fece ritorno al castello. Lì, dopo averlo riempito di paglia fresca e pulita, lo Spaventapasseri tornò in vita più bello di prima, tutto inchini e ringraziamenti.
Di nuovo insieme, Dorothy e i suoi amici trascorsero delle piacevoli giornate al castello, serviti e riveriti dai Winkie che facevano a gara per dimostrare la loro eterna riconoscenza. Finché a Dorothy non tornarono in mente zio Henry, zia Em e tutta la sua allegria se ne andò.
"Dobbiamo tornare dal grande Oz, dirgli che la Strega dell'Ovest è morta e chiedergli di mantenere la sua promessa."
"È vero" disse l'Uomo di Latta. "Così potrò finalmente avere il mio cuore."
"E io il mio cervello" disse lo Spaventapasseri.
"E io il coraggio" aggiunse il Leone.
"E io me ne tornerò dagli zii nel Kansas!" gridò Dorothy, battendo le mani. "Che ne dite di partire domattina per la Città di Smeraldo?"
Gli altri furono d'accordo.
Il giorno dopo chiamarono a raccolta i Winkie per salutarli, ma questi si rattristarono molto nel vederli partire e, siccome si erano affezionati specialmente all'Uomo di Latta, lo supplicarono di restare per governarli assieme al Regno Giallo dell'Ovest. Di fronte però al suo secco rifiuto, si rassegnarono.
Come regali di addio diedero a Toto e al Leone Codardo dei bellissi-

mi collari d'oro; a Dorothy un braccialetto tempestato di diamanti; allo Spaventapasseri un bastone da passeggio con il pomolo d'oro, perché camminasse senza il rischio di inciampare come sempre gli accadeva, e infine al Taglialegna regalarono un oliatore d'argento, intarsiato d'oro e incastonato di pietre preziose. Per ricambiare, ciascuno dei viaggiatori tenne un bel discorso di commiato.

E fu mentre Dorothy stava riempiendo il cestino per il viaggio con il contenuto della dispensa della perfida strega che notò il berretto d'oro. Se lo provò e vide che le stava a pennello. Non sapeva niente dei suoi poteri, ma le piaceva e perciò decise di tenerselo.

Ormai i preparativi per il viaggio erano finiti, non restava che partire: i cinque dunque si avviarono, coi Winkie a salutarli con baci e abbracci.

14 Le Scimmie Alate

Ricorderete di certo che non c'erano strade e neppure sentieri che collegavano il castello della perfida Strega dell'Ovest e la Città di Smeraldo.

Dorothy e i suoi amici non sapevano quale fosse la direzione giusta e nel viaggio di andata era stata la perfida strega a vederli per primi e a farli catturare dalle Scimmie Alate e portare al castello.

Ma ora che dovevano prendere la via del ritorno tra prati di ranuncoli e margherite gialle, le cose si facevano sempre più complicate. Sapevano per certo che la Città di Smeraldo si trovava a est, in direzione del sorgere del sole, e così puntarono da quella parte. Ma a mezzogiorno, quando il sole fu perpendicolare alle loro teste, non riuscirono più a capire da che parte fosse l'est e da che parte l'ovest e finirono per perdersi tra i grandi prati. Però continuarono a camminare, finché non scese la notte e la luna brillò nel cielo; allora si sdraiarono tra i fiori gialli e dormirono saporitamente fino al mattino, tutti eccetto l'Uomo di Latta e lo Spaventapasseri, naturalmente.

Quella mattina, però, il cielo nuvoloso e il sole era coperto. Malgrado ciò continuarono ad andare avanti, quasi fossero davvero certi della direzione da prendere.

"Se andiamo abbastanza avanti, prima o poi dovremo pur arrivare da qualche parte!" disse Dorothy.

Ma i giorni passavano e davanti a loro non c'erano che prati rossi. Lo Spaventapasseri cominciò a essere preoccupato.

"Io credo che abbiamo smarrito la strada" disse. "E, a meno che non la ritroviamo per raggiungere la Città di Smeraldo, potrò dire addio al mio cervello."

"E io non avrò mai un cuore" sospirò l'Uomo di Latta. "Non vedo l'ora di arrivare da Oz, e questo viaggio sta diventando troppo lungo e noioso per i miei gusti."

"Vedete, anch'io sento che non potrò continuare a vagabondare a lungo in questo modo, senza arrivare da nessuna parte" si lamentò il Leone Codardo.
Anche Dorothy era scoraggiata. Sedette sull'erba a guardare i suoi compagni e anch'essi la guardarono. Persino Toto si accorse, per la prima volta in vita sua, di essere così sfinito da non degnare di un'occhiata la farfalla gialla che gli svolazzava intorno al muso. Tirò fuori la lingua, ansando, e guardò la padroncina come per chiederle che cosa avrebbero fatto a quel punto.
"E se chiamassimo i Topi di campagna? Magari saprebbero indicarci la strada per la Città di Smeraldo!" suggerì Dorothy.
"Lo saprebbero di certo, perché non ci abbiamo pensato prima?" gridò lo Spaventapasseri.
Dorothy soffiò nel fischietto che le aveva regalato la Regina dei Topi di campagna e che portava sempre appeso al collo. Qualche istante dopo si udì un flebile rumore di passi e apparve una moltitudine di topolini grigi. Tra loro c'era anche la Regina che chiese, con la sua vocina un po' stridula: "Che cosa possiamo fare per voi?"
"Ci siamo persi" spiegò Dorothy. "Sai dirci per caso quale direzione dobbiamo prendere per tornare alla Città di Smeraldo?"
"Certo" rispose la Regina, "però la città è molto lontana perché per giorni e giorni avete camminato nella direzione sbagliata." Poi notò il berretto d'oro di Dorothy e riprese: "Perché non usate la magia del berretto e chiedete l'aiuto delle Scimmie Alate? Vi potrebbero portare alla Città di Smeraldo in meno di un'ora".
"Non sapevo che il berretto avesse poteri magici" disse Dorothy, stupita. "Come funziona?"
"È tutto scritto nella fodera" disse la Regina dei Topi. "Ma se decidi di chiamare le Scimmie Alate è meglio che noi ce ne andiamo: sono esseri dispettosi e si divertono a perseguitarci."
"Ma non faranno del male anche a noi?" chiese Dorothy preoccupata.
"Oh, no. Devono obbedire a chi ha il berretto magico. Arrivederci!"
La Regina si dileguò tra l'erba con tutti i suoi sudditi.
Dorothy si tolse il berretto e vide delle parole scritte al suo interno.

Pensò che dovessero essere le istruzioni, così le lesse tra sé e sé e si rimise il berretto in testa.
"Ep-pe, pep-pe, tap-pe!" disse, in equilibrio sulla gamba sinistra.
"Che cosa hai detto?" esclamò lo Spaventapasseri, che non capiva cosa stesse accadendo.
"Rin, pin, bao!" Dorothy si mise in equilibrio sulla gamba destra.
"Ehi!" disse il Taglialegna mantenendo la calma.
Dorothy posò ambedue i piedi a terra e gridò: "Ziz-zi, ruz-zi, zac!"
E con questo l'incantesimo fu pronunciato e si udì un gran cinguettio e un batter d'ali e un fitto stormo di Scimmie Alate arrivò in volo sopra le loro teste. Il Re delle Scimmie Alate si inchinò a Dorothy e domandò: "Quali sono i tuoi ordini?"
"Vogliamo andare alla Città di Smeraldo e abbiamo perso la strada" rispose la bambina.
"Vi portiamo noi" fece il Re, e non finì neppure di pronunciare la frase che due delle scimmie afferrarono delicatamente Dorothy alzandosi in volo. Altre fecero lo stesso con lo Spaventapasseri, con l'Uomo di Latta e con il Leone. Toto venne affidato a una piccola scimmia che, sebbene lui cercasse ostinatamente di morderla, seguì le altre.
All'inizio lo Spaventapasseri e l'Uomo di Latta avevano una gran paura, perché ricordavano il brusco trattamento ricevuto dalle Scimmie Alate all'andata, ma poi finirono per convincersi che questa volta non avevano cattive intenzioni e si tranquillizzarono guardando i bei giardini e i boschi dall'alto.
Anche il volo di Dorothy fu piacevole.
Le Scimmie, una delle quali era il Re in persona, avevano fatto un seggiolino con le mani e la portavano con grande delicatezza, attenti a non farle male.
"Perché dovete obbedire all'incantesimo del berretto d'oro?" volle sapere.
"È una storia lunga" rispose il re con una risata, "ma siccome anche il viaggio è lungo e noioso, se lo desideri te la posso raccontare."
"Sarò felice di ascoltarla" disse Dorothy.

"Bene" cominciò il sovrano, "sappi che un tempo eravamo un popolo libero e felice e vivevamo nella foresta, volando da un albero all'altro, mangiando frutta e facendo tutto quello che ci passava per la testa. Forse a qualcuna di noi piaceva un po' troppo fare scherzi: volava a tirare la coda agli animali che non avevano ali, inseguiva gli uccelli, tirava noci in testa ai viandanti. Ma eravamo creature allegre e spensierate e ci godevamo ogni momento della giornata. Questo accadeva molto tempo fa, prima che Oz venisse giù dalle nuvole a governare il nostro paese. A quel tempo, a nord, viveva una bella principessa che era anche una grande maga: una maga buona che usava le sue arti magiche solo per aiutare gli infelici e che non aveva mai fatto del male a un innocente. Si chiamava Gayelette e abitava in un bellissimo palazzo fatto di rubini. Tutti le volevano bene, ma lei era molto triste perché non riusciva a trovare nessuno da amare: gli uomini del suo regno erano tutti troppo brutti e stupidi per sposarla. Un giorno conobbe un ragazzo bello, coraggioso e saggio, più maturo della sua età. Così decise che, non appena fosse diventato adulto, ne avrebbe fatto il suo sposo. Lo portò nel suo palazzo di rubini e usò i suoi poteri magici per farlo crescere forte, onesto e di buon cuore come ogni donna vorrebbe che fosse il proprio uomo. Quando quel giovane, Quelala si chiamava, fu nell'età giusta per prendere moglie, in tutto il paese si parlava della sua bellezza, della sua saggezza, del suo coraggio. E Gayelette cominciò a fare preparativi per le nozze" raccontò il Re delle Scimmie Alate. Poi proseguì: "In quel periodo mio nonno era il sovrano del popolo delle Scimmie Alate, che viveva non lontano dal castello di Gayelette. Era anziano, ma era anche un gran burlone. Destino volle che proprio il giorno prima delle nozze, mentre volava nella foresta con alcuni suoi sudditi, vedesse Quelala che passeggiava in riva al fiume, vestito di seta rosa e di velluto rosso. E gli venne voglia di fargli uno scherzo. Al suo segnale le scimmie del seguito afferrarono il giovanotto, lo portarono in volo fino al centro del fiume e ce lo fecero cadere dentro dall'alto. 'Nuota, giovanotto!' gli gridò mio nonno. 'E cerca di non sciupare quel tuo bel vestito!' Quelala era sin troppo avveduto per non saper nuotare e aveva anche una buona dose di fortuna, quindi cominciò a ridere e nuotò fino a riva. Ma l'acqua aveva irrimediabilmente sciupato il suo magnifico vestito e quando la sua futura sposa gli venne incontro, e lo vide in quelle condizioni, montò su tutte le furie. La principessa aveva capito subito di chi era stata l'idea di quello scherzo e convocò al suo cospetto le Scimmie Alate. In principio pensò di legarle e fare subire loro lo stesso trattamento di Quelala. Ma mio nonno la supplicò, perché sapeva che molte di loro sarebbero annegate nel fiume con le ali legate e pure Quelala intercedette per loro. Così Gayelette decise di liberarli, a condizione che, da quel momento in poi, le Scimmie Alate obbedissero per tre volte al proprietario del berretto d'oro. Questo berretto era un dono di nozze per Quelala e si racconta che le fosse costato la metà del regno. Naturalmente mio nonno e tutti i suoi sudditi accettarono quella punizione e da allora in poi, chiunque sia il possessore del berretto, noi Scimmie Alate siamo obbligate a obbedirgli per tre volte."

"E che cosa ne fu degli sposi?" chiese Dorothy, che si era appassionata alla storia.

"Come primo possessore del berretto d'oro, Quelala fu il primo a darci degli ordini. Poiché la sua sposa non sopportava più la nostra vista, dopo il matrimonio, ci convocò nella foresta e ci disse di andarcene via, lontani dal regno, dove Gayelette non avrebbe potuto più incontrarci. E noi ce ne andammo, perché avevamo paura di lei e della sua collera. Questo fu l'unico comando che ricevemmo prima che il berretto cadesse nelle mani della perfida Strega dell'Ovest, che dapprima ci costrinse a rendere schiavi i Winkie e poi a cacciare lo stesso grande Oz dai territori dell'Ovest. Ora il berretto è tuo e per tre volte noi saremo obbligati a eseguire i tuoi comandi."

Mentre il Re delle Scimmie concludeva la sua storia, Dorothy guardò in basso e vide le scintillanti mura verdi della Città di Smeraldo. Si chiese quanto fossero state veloci le Scimmie, ma lei era contenta che il viaggio stesse per finire.

Le bizzarre creature deposero con cura i viaggiatori davanti alle por-

te della Città di Smeraldo. Il Re si inchinò a Dorothy, poi volò via veloce, seguito dai suoi sudditi.
"È stato un bel viaggio" disse Dorothy.
"Sì. E un modo rapido di uscire dai nostri guai" confermò il Leone. "È stata una gran fortuna che tu ti sia portata via quel berretto magico."

15 Il terribile Oz viene smascherato

I quattro viaggiatori arrivarono alla grande porta della Città di Smeraldo e suonarono il campanello. Dopo un po', comparve il Guardiano della Porta che già conoscevano ad accoglierli.
"Come, siete già tornati?" domandò, stupito.
"Non lo vedi?" disse lo Spaventapasseri.
"Ma pensavo che foste andati alla ricerca della perfida Strega dell'Ovest."
"È quello che abbiamo fatto" rispose ancora lo Spaventapasseri.
"E lei vi ha lasciato andare sani e salvi?" chiese l'omino.
"Non ha potuto fare altrimenti, visto che si è liquefatta."
"Liquefatta! Questa sì che è una bella notizia. E chi è stato a scioglierla?"
"È stata Dorothy in persona" intervenne il Leone Codardo, serio.
"Diamine!" esclamò il Guardiano della Porta e fece un profondo inchino davanti alla bambina. Poi fece entrare il gruppetto nella solita stanzetta, distribuì occhiali verdi a tutti chiudendoli con il lucchetto, esattamente come aveva fatto la volta precedente. Poi il gruppo entrò dalla porta nella Città di Smeraldo. A chiunque incontrava, il Guardiano raccontava che per merito di Dorothy la perfida Strega dell'Ovest era morta liquefatta e subito una gran quantità di gente fece ala al piccolo corteo, nella strada per il palazzo.
Davanti alla porta del palazzo montava la guardia il solito soldato con i baffi verdi che riconobbe subito i cinque e li lasciò entrare. La graziosa cameriera con gli occhi e i capelli dello stesso colore li accompagnò nelle stanze che avevano occupato la volta precedente perché riposassero, in attesa che il grande Oz desse loro udienza.
Il soldato intanto corse ad avvertire il suo signore che Dorothy e i suoi compagni erano tornati, dopo aver ucciso la perfida Strega dell'Ovest, ma Oz non dette nessuna risposta. Avevano tutti sperato di essere ricevuti immediatamente, ma non fu così.

Passò un giorno, ne passarono due, ne passarono tre e Oz non dava nessuna notizia di sé. L'attesa cominciava a diventare insopportabile, oltre che noiosa, e Dorothy e i suoi amici divenivano sempre più irritati per essere trattati in quel modo: Oz li aveva mandati nel territorio dell'Ovest ad affrontare pericoli e a rischiare di essere fatti schiavi, e ora venivano ricompensati così?

Alla fine lo Spaventapasseri chiese alla cameriera verde di portare un nuovo messaggio a Oz: se non fossero stati ammessi subito alla sua presenza, avrebbero chiamato in loro aiuto le Scimmie Alate. E allora si sarebbe visto se il grande Mago intendeva mantenere le sue promesse o meno!

Quando ricevette quel messaggio, Oz si spaventò sul serio e li convocò la mattina seguente nella sala del trono, alle nove e quattro minuti precise. Aveva già incontrato le Scimmie Alate nel territorio dell'Ovest e non aveva nessuna voglia di ripetere l'esperienza.

Nessuno dei viaggiatori dormì, quella notte, tutti presi a pensare ai doni che Oz avrebbe concesso loro. Dorothy fece un breve sonnellino e sognò di essere tornata nel Kansas dove zia Em l'accoglieva a braccia aperte.

Puntuale, la mattina dopo alle nove, il soldato con i baffi verdi arrivò a prenderli in consegna ed esattamente quattro minuti più tardi li introdusse nella sala del trono del grande Oz.

Naturalmente, ciascuno si aspettava di vedere il mago con l'aspetto con cui si era presentato la volta precedente. Invece, con grande sorpresa di tutti, nella stanza non c'era nessuno. Allora si strinsero l'uno all'altro vicino alla porta da cui erano entrati, perché il silenzio di quella stanza vuota era più spaventoso delle pur terribili forme assunte dal mago.

D'un tratto risuonò forte e solenne una voce che sembrava scendere dal soffitto a cupola: "Io sono il grande e terribile Oz. Perché mi cercate?"

Si guardarono tutti in giro. Poi Dorothy chiese: "Dove sei?"

"Io sono ovunque" rispose la voce, "ma per gli occhi della gente io sono invisibile. Ora mi siederò sul trono e potrete parlare con me."

E infatti ora la voce sembrava proprio provenire dal trono. Allora i quattro si avvicinarono, in fila indiana e Dorothy disse: "Siamo venuti a chiederti di rispettare le tue promesse, Oz!"
"Quali promesse?" chiese il mago.
"A me avevi promesso di farmi tornare nel Kansas, se avessi ucciso la perfida Strega dell'Ovest" disse Dorothy.
"E a me avevi promesso un cervello" disse lo Spaventapasseri.
"A me un cuore!" aggiunse l'Uomo di Latta.
"E a me il coraggio" ruggì il Leone Codardo.
"La perfida Strega è morta davvero?" domandò la voce, e Dorothy si accorse che non era più tanto forte e solenne.
"Sì" assicurò Dorothy. "L'ho fatta liquefare io stessa gettandole addosso un secchio d'acqua."
"Caspita, come hai fatto presto!" riprese la voce. "Perciò adesso ho bisogno di tempo per riflettere. Lasciatemi solo e tornate qui domani."
"Hai già avuto tanto tempo per riflettere!" si inalberò l'Uomo di Latta.
"Non vogliamo aspettare più" rincarò lo Spaventapasseri.
"È ora che tu mantenga la tua parola" concluse Dorothy.
Il Leone Codardo pensò che non sarebbe stato male far prendere un bello spavento a Oz. Così lanciò un ruggito così forte e terribile che Toto con un balzo andò a nascondersi dietro a un paravento che stava in un angolo del salone. Ma il paravento si rovesciò con un gran tonfo e tutti guardarono in quella direzione e rimasero di stucco nel vedere un omino vecchio, calvo e rugoso con l'aria ancora più sbigottita di loro.
Il Taglialegna corse verso di lui, impugnando l'ascia e gridò: "E tu chi sei?"
"Sono Oz, il terribile Oz" rispose l'omino con voce flebile. "Ma ti prego, tu non farmi del male, farò tutto quello che volete."
I quattro amici lo fissarono, sorpresi e delusi.
"E io che credevo che Oz fosse una grande testa!" disse Dorothy.
"Io invece pensavo che Oz fosse una bellissima dama!" disse lo Spaventapasseri.

"E io una terribile belva!" disse l'Uomo di Latta.
"Io ero certo che fosse una palla di fuoco!" disse il Leone.
"Vi siete sbagliati tutti quanti" disse l'omino con voce docile. "Il mio aspetto è questo. Le altre volte vi ho imbrogliati."
"Imbrogliati!" si inalberò Dorothy. "Ma allora non sei un grande mago?"
"Abbassa la voce, per carità! Se qualcuno ti sente sarò rovinato per sempre: tutti mi credono un potentissimo mago, capisci?"
"E non è così?"
"No, per niente, bambina cara. Sono solo un uomo qualsiasi."
"No, tu non sei affatto un uomo qualsiasi: tu sei un imbroglione!" disse lo Spaventapasseri in tono grave.
"Proprio così, sono un imbroglione!" confermò l'omino fregandosi le mani come se se ne compiacesse.
"Ma questa è una notizia terribile!" disse l'Uomo di Latta. "E ora come potrò avere un cuore?"
"E io il coraggio?" gli fece eco il Leone.
"E io un cervello?" terminò lo Spaventapasseri, asciugandosi le lacrime con la manica del suo cappotto.
"Cari amici" intervenne l'omino, "vi prego, non parlate di queste inezie. Immaginate che guai dovrei passare io se fossi scoperto?"
"Nessun altro sa che sei un imbroglione?" domandò Dorothy.
"Nessuno all'infuori di voi. E di me, naturalmente. Sono sempre riuscito a ingannare tutti. Il mio errore è stato ammettervi alla sala del trono. Di solito non permetto ai miei sudditi di vedermi e loro sono convinti che il mio potere sia grandissimo e terribile."
"Ma non capisco. Come hai fatto a mostrarti a me sotto l'aspetto di un'enorme testa?" disse Dorothy sempre più sbalordita.
"È stato uno dei miei trucchi. Venite da questa parte e vi spiegherò tutto" rispose Oz.
Li condusse a una stanzetta dietro la sala del trono e mostrò, in un angolo, una testa enorme fatta di cartapesta accuratamente dipinta. "L'ho appesa al soffitto con un filo" spiegò. "Io ero dietro il paravento e tiravo un altro filo per muovere gli occhi e la bocca."

"E la voce?" chiese allora Dorothy.

"Sono un ventriloquo e posso dare alla mia voce qualsiasi direzione. Per questo a te sembrava che uscisse proprio dalla testa. Ma qui ci sono gli altri miei trucchi."

Indicò allo Spaventapasseri la maschera che si era messo sul volto per prendere le sembianze di una bellissima dama. L'Uomo di Latta invece vide che la sua bestia spaventosa altro non erano che pezzi di pelliccia cuciti insieme e sostenuti da un'intelaiatura di legno. Quanto alla palla di fuoco, raccontò che aveva appeso al soffitto una sfera di cotone imbevuta d'olio e che poi l'aveva incendiata.

"Dovresti davvero vergognarti di essere un tale imbroglione" disse allora lo Spaventapasseri.

"È vero, mi vergogno moltissimo" ammise l'omino dispiaciuto. "Ma non potevo fare altrimenti. Prendete una sedia e mettetevi comodi, voglio raccontarvi la mia storia."

Così tutti si sedettero e l'omino cominciò: "Sono nato a Omaha".

"Omaha?" lo interruppe Dorothy. "Sul serio? Non è molto lontana dal Kansas!"

"No, ma è molto lontana da qui" scosse la testa triste. "Da ragazzo imparai a fare il ventriloquo sotto la guida di un grande maestro. Posso imitare qualsiasi uccello o animale, qualsiasi voce."

Il vecchio Oz fece un miagolio così bene che Toto drizzò le orecchie e si guardò intorno alla ricerca di un gatto.

"Dopo un po' di tempo, però" riprese l'omino, "cominciai a essere stufo di fare il ventriloquo e volli cambiar mestiere. Così diventai mongolfierista."

"Che cos'è un mongolfierista?" domandò Dorothy.

"È un uomo che, quando il circo mette le tende in una città, sale su una mongolfiera verso il cielo; così la gente si raduna a guardare, incuriosita, e poi va a vedere lo spettacolo al circo."

"Ah, ecco" annuì Dorothy.

"Bene, un giorno le corde che tenevano ancorata a terra la mia mongolfiera si aggrovigliarono e poi si ruppero. Salii in alto sopra le nubi, e una corrente d'aria mi trasportò a molte miglia dal punto di partenza. Volai così per un giorno e una notte finché, la mattina del secondo giorno, quando mi svegliai, vidi sotto di me un paese meraviglioso. Pian piano la mongolfiera cominciò a scendere e finalmente atterrai e mi trovai subito circondato da della strana gente che, vedendomi calare dal cielo, mi credette un grande mago. E io naturalmente glielo lasciai credere, poiché avevano una gran paura di me e giurarono di fare tutto quello che avrei loro ordinato. Tanto per divertirmi e per tenere impegnati i miei sudditi, ordinai loro di costruire questa bella città e il palazzo e loro lo fecero con grande entusiasmo, in fretta e con perizia. Poi, visto che il paese in cui ci trovavamo era così verde e bello, decisi che l'avrei chiamata la Città di Smeraldo e, per rendere il nome più appropriato, ordinai a tutta la popolazione di portare sempre degli occhiali con le lenti verdi, in modo che tutto assumesse per loro un colore verde."

"Ma, allora, non è veramente tutto verde?" chiese Dorothy.

"Non lo è più che in qualsiasi altra città. Ma se si portano degli occhiali verdi, tutto si tinge di quel colore, naturalmente. La Città di Smeraldo fu costruita moltissimi anni fa. Io ero solo un ragazzo quando la mongolfiera mi portò fino a qui e ora sono molto vecchio. Ma il mio popolo porta occhiali verdi ormai da tanto tempo che quasi tutti credono di vivere veramente in una città di questo colore; d'altronde questo paese è davvero bello, così ricco di metalli e pietre preziose e di tutto quello che serve a rendere felice chiunque vi abiti. Io sono stato un buon sovrano per la mia gente e loro mi vogliono bene, ma da quando ho fatto erigere questo palazzo, mi ci sono chiuso dentro e non ho permesso a nessuno di loro di vedermi. La mia più grande paura erano le streghe, perché, mentre io non avevo alcun potere magico, scoprii ben presto che loro erano abilissime a intrecciare magie e incantesimi. Ce n'erano quattro, nel paese, una per ogni punto cardinale: Nord, Est, Sud, Ovest. Per fortuna la Strega del Nord e quella del Sud erano buone e sapevo che non mi avrebbero mai fatto del male; la Strega dell'Est e la Strega dell'Ovest, invece, erano cattivissime e, se non avessero creduto che fossi un mago più potente di loro, si sarebbero certo sbarazzate di me. Così ho vissuto nel terrore per molto tempo. Potete dunque immaginare come sono stato felice quando ho saputo che Dorothy aveva eliminato quella dell'Est, piombandole addosso con la sua casa volante. Quando siete venuti da me, ero disposto a promettere qualsiasi cosa pur di sbarazzarmi anche della perfida Strega dell'Ovest. Ma ora che tu l'hai fatta sciogliere con un secchio d'acqua, Dorothy, mi vergogno di doverti dire che non posso mantenere neanche una delle promesse che vi ho fatto."

"Sei proprio un uomo cattivo!" disse Dorothy.

"No, no. Sono un uomo molto buono. Ma devo ammettere che sono un pessimo mago, questo sì."

"Allora, niente cervello per me?" chiese lo Spaventapasseri.

"Non ne hai bisogno. Ogni giorno impari qualcosa di nuovo. Un bambino appena nato ha un cervello, ma non sa nulla. Solo l'esperienza rende intelligenti e più il tempo passa, più l'esperienza cresce."

"Forse hai ragione" ammise lo Spaventapasseri, "ma sarò molto infelice finché non avrò un cervello."

Il falso mago gli lanciò un'occhiata."Be'" disse con un sospiro, "come ti ho già detto, non sono un granché come mago. Ma torna da me domattina e ti riempirò la testa di cervello. Però non posso insegnarti a usarlo: a quello dovrai pensare da solo."

"Grazie! Grazie!" Lo Spaventapasseri lo ringraziò entusiasta. "Vedrai che saprò trovare il modo di usarlo, non temere!"

"E il mio coraggio?" domandò il Leone Codardo preoccupato.

"Tu ne hai già in abbondanza" rispose l'omino. "Quello che ti manca è la fiducia in te stesso. Tutti davanti a un pericolo si spaventano, ma il vero coraggio consiste nell'affrontare il pericolo malgrado la paura. E di questo genere di coraggio tu, Leone, ne hai in abbondanza."

"Può darsi che sia davvero così" ribatté il Leone, "ma io ho paura lo stesso. E sarò infelice finché non mi darai quel coraggio che fa dimenticare di aver paura."

"Benissimo, allora. Torna qui domani e avrai quella specie di coraggio" promise il falso Mago.

Si fece avanti l'Uomo di Latta. "E il mio cuore?"

"A questo proposito, penso che tu abbia torto a desiderare un cuore" rispose Oz. "Chi lo possiede spesso è infelice. Non immagini quanto sei fortunato a esserne privo."

"È tutta questione di opinioni" disse l'Uomo di Latta. "Io, da parte mia, sarei disposto a sopportare tutta l'infelicità del mondo senza mai lamentarmi, se solo tu mi dessi un cuore."

"Molto bene" concesse Oz, in un sussurro. "Torna qui domani e avrai il tuo cuore. Recito la parte del mago da tanti anni, che posso continuare ancora per un poco a farlo."

"E io? Come faccio a tornare nel Kansas?" chiese infine Dorothy.

"Ci dobbiamo pensare" rispose l'omino. "Dammi due o tre giorni di tempo e vedrò di trovare un modo per farti attraversare il deserto. Nel frattempo, consideratevi tutti miei ospiti e, finché resterete qui a palazzo, i miei servi si prenderanno cura di voi, ogni vostro più piccolo desiderio sarà esaudito. Vi chiedo solo una cosa: mantenete il segreto sulla mia vera natura e non dite a nessuno che sono un imbroglione."

Tutti promisero di stare zitti e, pieni di speranza, tornarono nelle loro stanze. Persino Dorothy confidava che "il grande e terribile Imbroglione", come aveva preso a chiamarlo, avrebbe trovato il modo per farla tornare nel Kansas. E, se ci fosse riuscito davvero, era pronta a perdonargli ogni cosa.

16 Le arti magiche del grande Imbroglione

La mattina dopo lo Spaventapasseri disse ai suoi amici: “Fatemi le vostre congratulazioni: sto andando proprio ora da Oz a prendere il mio cervello e al mio ritorno sarò uguale a tutti gli altri uomini”.
“A me piaci anche così come sei” disse Dorothy con semplicità.
“Sei molto gentile a voler bene a uno spaventapasseri. Ma vedrai che ti piacerò ancora di più quando saprai che splendidi pensieri il mio nuovo cervello sarà capace di formulare.”
Poi lo Spaventapasseri salutò tutti felice e andò a bussare alla sala del trono.
“Avanti” disse Oz.
Lui entrò e trovò l’omino immerso nei suoi pensieri, seduto accanto alla finestra.
“Sono venuto per il mio cervello” fece notare, un po’ a disagio.
“Sì, certo. Siediti su quella sedia, per cortesia. Mi devi perdonare se ti staccherò la testa, ma devo sistemare il cervello al posto giusto.”
“Oh, va bene. Sei il benvenuto, a patto che quando la rimetterai al suo posto sia migliore di prima.”
Così Oz staccò la testa dello Spaventapasseri dal tronco e tolse tutta la paglia. Poi andò nella stanzetta dietro la sala del trono e prese una manciata di crusca, ci aggiunse spilli e chiodi e li mischiò insieme. Infine vi riempì la testa e, negli spazi rimasti vuoti, mise dell’altra paglia fresca, in modo che avesse la stessa forma di prima. Quando l’ebbe riattaccata allo Spaventapasseri, gli disse: “D’ora in poi sarai un grand’uomo perché ora hai un cervello di ottima crusca”.
Lo Spaventapasseri era al colmo della felicità e di orgoglio ora che il suo più grande desiderio si era realizzato. Ringraziò Oz calorosamente e tornò dai suoi amici.
Dorothy lo osservò curiosa: in cima alla testa c’era una protuberanza piena di cervello.
“Come ti senti?” gli chiese.

“Oh, molto saggio. E non appena mi sarò abituato al mio cervello, lo sarò ancora di più.”
“Perché hai degli spilli e dei chiodi che ti spuntano dalla testa?” intervenne l’Uomo di Latta.
“Sono la prova che ora è davvero acuto!” disse il Leone Codardo.
“Bene. Ora devo andare io da Oz a prendere il mio cuore” annunciò il Taglialegna e andò a bussare alla sala del trono.
“Avanti” disse Oz.
Il Taglialegna entrò e disse: “Sono venuto per il mio cuore”.
“Molto bene. Dovrò farti un buco nel petto per mettere il cuore al posto giusto. Spero di non farti troppo male.”
“Oh, no: non sentirò niente” lo rassicurò il Taglialegna.
Così Oz impugnò un paio di grosse cesoie da fabbro e fece un buchetto quadrato nel torace dell’Uomo di Latta, sulla sinistra. Poi frugò in un cassettone e tirò fuori un bel cuore di seta pieno di segatura.
“Non è una meraviglia?” gli chiese.
“È davvero bellissimo. Ma è anche un cuore nobile e gentile?” disse il Taglialegna, molto felice.
“Nobilissimo, te lo assicuro.”
Il vecchio Oz infilò il cuore attraverso l’apertura e poi richiuse tutto con cura, saldando il buchetto alla perfezione e aggiunse: “Ecco fatto. Ora hai un cuore che farebbe invidia a ogni uomo. Mi dispiace per la toppa, ma non potevo fare altrimenti”.
“Non ti preoccupare. Ti sono molto grato e non scorderò mai la tua gentilezza” gli rispose felice il Taglialegna.
“Figurati” replicò Oz.
E l’Uomo di Latta tornò dagli amici che si dichiararono tutti sinceramente felici della sua fortuna.
Il Leone Codardo andò allora a bussare alla sala del trono.
“Avanti” disse Oz.
“Sono qui per il mio coraggio” proclamò il Leone, entrando nella stanza.
“Molto bene. Vado subito a prenderlo” rispose l’omino.
Aprì una credenza e ne estrasse una bottiglia quadrata, verde. Dopo-

diché ne versò il contenuto in un piatto verde e oro magnificamente cesellato. Dopo averlo messo davanti al Leone, che lo annusava disgustato, gli disse: “Bevi”.

“Che cos’è?”

“Be’, se lo inghiottirai ti darà coraggio. Lo sai bene anche tu, il coraggio uno ce l’ha dentro. Perciò, finché non avrai bevuto la mia pozione magica non potrà chiamarsi coraggio. Ti consiglio di mandarlo giù subito senza pensarci troppo sopra.”

Il Leone seguì il suggerimento del mago e trangugiò tutto d’un fiato.

“E ora, come ti senti?” domandò Oz.

“Pieno di coraggio!” esclamò quello e felice tornò dagli amici per farli partecipi della sua gioia.

Rimasto solo, Oz sorrise, soddisfatto: aveva avuto successo con lo Spaventapasseri, con il Taglialegna e con il Leone. Aveva dato loro esattamente quello che desideravano.

“Come posso smettere di fare l’imbroglione” si disse “quando tutti si aspettano che io faccia cose che non possono essere fatte? È stato facile rendere felice lo Spaventapasseri, il Taglialegna e il Leone, perché loro pensavano che io potessi fare tutto. Ora, però, ci vuole ben più dell’immaginazione per far tornare Dorothy nel Kansas. Non so neanche da che parte cominciare.”

17 Si parte in mongolfiera

Per tre giorni Oz non si fece vivo. E furono tre giorni molto tristi per Dorothy, mentre i suoi amici erano felici e spensierati.
Lo Spaventapasseri raccontava di avere la testa piena di pensieri meravigliosi che non era però in grado di riferire agli altri solo perché era sicuro che non li avrebbero capiti.
L'Uomo di Latta sentiva il cuore pulsargli nel petto mentre camminava e non faceva che ripetere che quel cuore era ancor più tenero di quello che aveva avuto quando era un uomo in carne e ossa.
Il Leone, poi, dichiarava di non aver più paura di niente e di esser pronto ad affrontare interi eserciti o una dozzina di feroci Kalidhas.
Insomma, erano tutti soddisfatti tranne Dorothy, che si struggeva sempre più dalla voglia di tornare nel suo Kansas.
Finalmente il quarto giorno Oz la mandò a chiamare e, non appena entrata nella sala del trono, le annunciò allegro: "Siediti, carissima. Penso di aver trovato finalmente il modo di farti uscire da questo paese".
"E di farmi tornare nel Kansas?"
"Be', di questo non sono completamente sicuro perché non ho la minima idea di dove si trovi questo Kansas. Ma la prima cosa da fare è riuscire a superare il deserto, poi dovrebbe essere facile ritrovare la tua strada" disse Oz.
"E come posso attraversare il deserto?"
"Ti dirò quello che ho pensato: io qui ci sono arrivato in mongolfiera, e anche tu ci sei arrivata dal cielo, con la tua casetta, trasportata dal ciclone. Perciò, il modo migliore per superare il deserto è volarci sopra. Io purtroppo non sono in grado di scatenare un ciclone, ma dopo aver riflettuto a lungo mi sono convinto che una mongolfiera saprei fabbricarla."
"E come?"
"Vedi, le mongolfiere sono fatte di seta spalmata di colla per non

far uscire il gas. Qui, a palazzo, abbiamo seta in abbondanza, ma purtroppo in tutto il paese non si può trovare il gas per riempire e far alzare in volo la mongolfiera."

"Ma se non può volare" notò Dorothy "non serve a niente."

"È vero. Però c'è un altro modo per far volare una mongolfiera: possiamo riempirlo di aria calda, invece che di gas. Non è proprio la stessa cosa, perché se l'aria si raffredda troppo il pallone scende. E se questo succede proprio in mezzo al deserto, finiremo per perderci."

"Finiremo?" esclamò Dorothy. "Verrai anche tu con me?"

"Certo. Sono stanco di fare l'imbroglione. E se solo decidessi di mettere un piede fuori dal palazzo, il popolo scoprirebbe subito che non sono un vero mago e non mi perdonerebbe mai di averlo ingannato. Quindi mi tocca stare sempre chiuso qui dentro e comincio a non poterne più. Preferirei venire con te nel Kansas e lavorare di nuovo in un circo."

"Sarò felice di viaggiare in tua compagnia" disse Dorothy.

"Grazie. E ora, se mi aiuti a cucire insieme le pezze di seta, possiamo cominciare a costruire subito la nostra mongolfiera."

Così Dorothy prese ago e filo, e via via che Oz tagliava lunghe strisce di seta della forma adatta, le cuciva con grande attenzione. La prima striscia era verdina, la seconda verdona, la terza verde smeraldo e così via: Oz aveva deciso di fare la mongolfiera di diverse sfumature del colore predominante nel paese.

Ci vollero tre giorni per cucire tutte le strisce insieme e, quando il lavoro fu finito, il risultato fu un enorme sacco verde lungo quasi sei metri.

Oz lo cosparse all'interno di un velo di colla liquida per renderlo impermeabile e a tenuta d'aria e finalmente annunciò che la mongolfiera era pronta.

"Adesso però abbiamo bisogno di una cesta su cui viaggiare" aggiunse.

Chiamò il soldato con i baffi verdi e lo mandò a prendere la più grande cesta da biancheria di tutta la Città di Smeraldo. Poi la assicurò alla mongolfiera con una grande quantità di corde.

Quando tutto fu pronto, Oz fece annunciare al suo popolo che sarebbe andato a far visita a suo fratello, il grande mago che viveva sulle nuvole.
La notizia si sparse in tutta la città e una gran quantità di gente si radunò per assistere all'evento.
Oz ordinò che la mongolfiera fosse trasportata davanti alla reggia, tra la meraviglia generale.
L'Uomo di Latta aveva tagliato una gran catasta di legna; quando vi ebbe dato fuoco, il mago mise la base del pallone sopra le fiamme, in modo da riempire l'involucro di seta con aria calda.
Pian piano il pallone cominciò a gonfiarsi e a sollevarsi da terra finché la cesta non sfiorò appena il terreno.
Allora Oz parlò ai suoi sudditi: "Parto per un viaggio. In mia assenza sarà lo Spaventapasseri a governare il paese. Obbeditegli come obbedireste a me".
Intanto la mongolfiera cominciava a salire tanto da tendere sempre di più la corda che lo teneva ancorato a terra, perché l'aria calda che lo riempiva era molto più leggera di quella esterna.
"Vieni, Dorothy!" gridò poi alla bambina. "Sbrigati, o volerà via."
"Un momento, non riesco a trovare Toto" rispose Dorothy che mai avrebbe acconsentito a partire senza il suo amato cagnolino.
Toto infatti aveva visto un gatto tra la folla e si era lanciato all'inseguimento. Finalmente Dorothy lo riprese e corse verso la mongolfiera. Lo aveva quasi raggiunto e Oz le tendeva la mano per aiutarla a salire, quando la corda cedette di colpo e la mongolfiera schizzò su nel cielo senza di lei.
"Torna indietro" gridò. "Voglio venire con te!"
"Non posso, bambina" gridò Oz dal cesto. "Addio!"
"Addio!" gridarono i sudditi. E continuarono a fissare il cielo finché la mongolfiera non fu scomparsa in lontananza.
Quella fu l'ultima volta che videro Oz, il meraviglioso Oz.
C'è chi dice che sia riuscito a raggiungere Omaha e che viva ancora lì felice, ma la notizia non è certa. Ma tutti lo ricordarono con affetto, dicendo: "È stato un amico. Quando era qui con noi, ha co-

struito la meravigliosa Città di Smeraldo. E ora che se ne è andato, ha lasciato lo Spaventapasseri a governare il paese".

Inconsolabili, piansero per molti giorni la perdita del loro meraviglioso mago e sovrano.

18 In cammino verso sud

Dorothy pianse per giorni dopo che ebbe visto svanire ogni speranza di tornare nel Kansas. Come tutti, era dispiaciuta per la scomparsa di Oz, anche se era felice di non aver dovuto viaggiare in mongolfiera.

L'Uomo di Latta, poi, andò da lei e le disse: "Sarei proprio un ingrato se non piangessi colui che mi ha donato un cuore così nobile. Saresti tanto gentile da asciugarmi le lacrime, in modo che non mi arrugginisca?"

"Volentieri" gli rispose Dorothy e corse a prendere un asciugamano per asciugare con cura ogni lacrima del Taglialegna. Quando ebbe finito lui la ringraziò e si unse prudentemente le giunture con il suo nuovo oliatore tempestato di pietre preziose.

La Città di Smeraldo era governata dallo Spaventapasseri e, anche se non era un mago, i suoi sudditi erano tutti contenti perché erano gli unici ad avere per governatore un uomo di paglia. E avevano proprio ragione.

La mattina dopo la partenza di Oz in mongolfiera, i quattro amici si riunirono nella sala del trono a discutere della situazione. Lo Spaventapasseri si sedette con aria seria sul grande trono e gli altri rimasero davanti a lui, rispettosi.

"Non possiamo dirci sfortunati" disse il nuovo governatore. "Questo palazzo e la città intera ci appartengono e possiamo fare ciò che vogliamo. Se penso che qualche tempo fa ero piantato su un palo, in mezzo a un campo di granoturco, e che adesso invece sono il governatore della Città di Smeraldo, devo ammettere che ne ho fatta di strada."

"Anch'io sono soddisfatto del mio nuovo cuore" disse l'Uomo di Latta. "Era l'unica cosa che desideravo davvero."

"E io, da parte mia, sono diventato coraggioso almeno quanto ogni altro leone, se non addirittura di più" aggiunse il Leone con modestia.

"Se solo Dorothy fosse felice di restare nella Città di Smeraldo con noi" riprese lo Spaventapasseri, "potremmo vivere qui tutti insieme serenamente."

"Ma io non voglio vivere qui!" protestò Dorothy, piangendo. "Io voglio tornare nel Kansas, da zio Henry e zia Em."

"E allora, come facciamo?" si chiese l'Uomo di Latta.

Lo Spaventapasseri si mise a riflettere così intensamente che spilli e chiodi cominciarono a spuntargli fuori della testa. Infine disse: "Dorothy, perché non chiami le Scimmie Alate e chiedi loro di farti attraversare in volo il deserto?"

"Non ci avevo proprio pensato!" esclamò Dorothy entusiasta. "Sì, questa è la soluzione. Vado subito a prendere il berretto dorato."

Lo prese, tornò nella sala del trono e pronunciò le parole magiche. Subito uno stormo di Scimmie Alate entrò nella sala da una finestra aperta con un gran fruscio d'ali e si piazzò di fronte a lei.

"È la seconda volta che ci chiami" disse il Re, inchinandosi davanti a Dorothy. "Che cosa possiamo fare per te?"

"Voglio che mi portiate in volo nel Kansas."

Il re delle Scimmie scosse la testa.

"Non è possibile. Noi apparteniamo a questo paese e non possiamo lasciarlo per nessuna ragione. Nella lunga storia del nostro popolo non c'è mai stata nessuna Scimmia Alata nel Kansas. E mai ci sarà. Saremo felici di esaudire qualsiasi altro tuo comando, ma di attraversare il deserto non se ne parla nemmeno. Arrivederci!"

E con un profondo inchino il Re delle Scimmie Alate spiegò le ali e volò via dalla finestra seguito dai suoi fidi.

Dorothy si mise a piangere: "Le Scimmie Alate non hanno saputo aiutarmi e io ho sprecato uno dei due incantesimi che mi restavano senza ottenere niente".

L'Uomo di Latta dal cuore tenero cercò di consolarla: "È un vero peccato".

Lo Spaventapasseri si mise di nuovo a riflettere così intensamente che la testa gli si gonfiò tanto che Dorothy pensò che fosse sul punto di esplodere per lo sforzo.

“Convochiamo qui il soldato con i baffi verdi” propose alla fine “e chiediamo consiglio a lui.”
Il soldato arrivò subito, un po’ intimidito: infatti era la prima volta che entrava nella sala del trono, che durante il regno di Oz era stata inaccessibile a tutti.
“Dorothy vorrebbe attraversare il deserto” gli spiegò lo Spaventapasseri, “sai darci qualche consiglio al riguardo?”
“Non saprei proprio” rispose il soldato. “Nessuno lo ha mai fatto prima, a parte il Grande Oz.”
“Non c’è proprio nessuno che possa aiutarmi?” chiese Dorothy.
“Glinda forse potrebbe farlo” suggerì il soldato.
“E chi è Glinda?” domandò lo Spaventapasseri.
“È la Strega del Sud ed è la più potente di tutte le streghe, signora del popolo dei Quadling. Il suo castello è proprio al limitare del deserto: forse lei sa come attraversarlo.”
“È una strega buona, vero?” domandò Dorothy.
“I Quadling dicono che è buona. Ma non solo. È sempre gentile con tutti ed è anche molto bella: conosce il segreto per mantenersi sempre giovane, malgrado la sua età.”
“E come faccio a raggiungere il suo castello?” volle sapere Dorothy.
“La strada verso sud è dritta. Però si dice che sia molto pericolosa per i viaggiatori. Ci sono belve feroci e c’è anche un popolo bizzarro che non permette ai forestieri di attraversare il loro territorio. Per questa ragione nessun Quadling è mai venuto nella Città di Smeraldo.”
Detto questo, il soldato se ne andò e lo Spaventapasseri disse: “Pericoli o no, pare che l’unica soluzione per Dorothy sia andare nel Regno del Sud a chiedere aiuto a Glinda. Se resta qui, non riuscirà mai a tornare nel Kansas, questo è certo”.
“Ci hai riflettuto a lungo” disse, ammirato, l’Uomo di Latta.
“Sì, ho riflettuto davvero molto” ammise con modestia lo Spaventapasseri.
“Accompagnerò io Dorothy” intervenne il Leone. “Ne ho abbastanza di vivere nella Città di Smeraldo, voglio tornare ai miei boschi e alle mie foreste. Sono una bestia feroce, io. E poi, Dorothy ha

bisogno di qualcuno che la protegga."
"Giustissimo" disse l'Uomo di Latta. "E, in caso di pericolo, anche la mia ascia potrà esserle utile. Perciò anch'io la seguirò nel viaggio verso il Regno del Sud."
"Bene. Quando partiamo allora?" chiese lo Spaventapasseri.
"Come, vieni anche tu?" si meravigliarono gli altri.
"Certo! Se non fosse stato per Dorothy non avrei mai avuto il mio cervello. È stata lei a sfilarmi dal palo nel campo di granoturco e a condurmi fin qui, nella Città di Smeraldo. Io le sono profondamente debitore e non l'abbandonerò finché non la saprò al sicuro, in viaggio per il Kansas."
"Grazie!" esclamò Dorothy, commossa. "Siete tutti molto gentili. Ma vorrei partire il prima possibile."
"Ci metteremo in viaggio domattina all'alba" la rassicurò lo Spaventapasseri. "Ora però dobbiamo prepararci perché il viaggio sarà lungo e difficile."

19 Gli animali guerrieri

La mattina dopo la cameriera con gli occhi e i capelli verdi salutò Dorothy con un bacio e tutti strinsero la mano al soldato dai baffi verdi e che li riaccompagnò alle mura.

Il Guardiano della Porta fu molto sorpreso quando seppe che volevano lasciare la Città di Smeraldo, così bella e sicura, per lanciarsi in pericolose avventure, tolse loro gli occhiali, li ripose nello scrigno verde e augurò loro buon viaggio. Allo Spaventapasseri disse: "Ora sei tu il nostro governatore, perciò devi cercare di tornare il prima possibile".

"Tornerò di certo, se potrò farlo" rispose lo Spaventapasseri, "ma prima devo aiutare Dorothy a tornare nel Kansas."

Dorothy salutò affettuosamente il buon Guardiano della Porta.

"Sono stata trattata molto bene in questa bella Città di Smeraldo" gli disse. "Sono stati tutti gentilissimi con me e ora io non so proprio come ringraziarvi."

"Non ci provare neanche, cara bambina. Saremmo stati felici se tu fossi rimasta per sempre qui con noi nella Città di Smeraldo, ma visto che desideri tanto tornare nel Kansas, ti auguro di tutto cuore di riuscirci."

Poi aprì la porta e il lungo viaggio ricominciò.

Il sole splendeva nel cielo quando la piccola comitiva si incamminò, diretta verso il sud. Erano tutti allegri, con una gran voglia di chiacchierare e di ridere insieme. Dorothy era felice al pensiero di poter tornare a casa, mentre lo Spaventapasseri e l'Uomo di Latta erano contenti di poter essere utili all'amica. Il Leone annusava l'aria fresca e agitava lieto la coda sentendosi rivivere in mezzo alla natura. Toto invece correva qua e là, abbaiando mentre dava la caccia a mosche e farfalle.

"La vita cittadina non è fatta per me" disse a un certo punto il Leone, mentre avanzavano spediti. "Sono dimagrito parecchio negli ultimi

tempi. E poi, non vedo l'ora di dimostrare agli altri animali quanto sono diventato coraggioso."
Dopo un po' si voltarono a guardare per l'ultima volta la Città di Smeraldo e videro torri e guglie dietro le mura verdi e, in fondo, la grande cupola del palazzo di Oz.
"In fondo, Oz non era un cattivo mago" disse l'Uomo di Latta che sentiva il cuore battergli forte nel petto.
"Già, a me ha dato un cervello veramente coi fiocchi" disse lo Spaventapasseri.
"Se avesse bevuto un po' della pozione che ha fatto ingoiare a me, sarebbe stato anche molto coraggioso" aggiunse il Leone.
Dorothy non disse niente. Oz non aveva mantenuto la promessa che le aveva fatto. Ma aveva fatto del suo meglio per aiutarla e per questo lo perdonava. Era un brav'uomo, ma come mago era un disastro.
Nella prima giornata di viaggio gli amici camminarono tranquilli attraversando i prati in fiore che circondavano la Città di Smeraldo. Quella notte dormirono sull'erba sotto le stelle e all'alba si svegliarono pieni di energie. Ripresero il loro cammino finché non si trovarono davanti a un bosco fittissimo che tagliava loro la strada. Era impossibile aggirarlo, perché si stendeva per miglia e miglia in tutte le direzioni. E poi non avrebbero mai osato cambiare direzione perché rischiavano di perdersi di nuovo. L'unica cosa da fare era cercare un varco nella vegetazione.
Lo Spaventapasseri, che apriva la strada, trovò finalmente un albero dai rami molto grandi sotto i quali avrebbero potuto inoltrarsi. Si fece avanti, ma non appena si fu avvicinato ai primi rami, quelli si curvarono e lo afferrarono, sollevandolo da terra, per poi scagliarlo con forza contro i compagni di viaggio.
Imbottito di paglia com'era, lui non subì danni, ma Dorothy dovette aiutarlo a tirarsi su, confuso e intontito.
"C'è un altro passaggio tra gli alberi" suggerì il Leone.
"Lasciate andare me per primo" disse lo Spaventapasseri. "Anche se i rami mi buttano di nuovo per aria, non mi faranno male."

Ci provò di nuovo e i rami del secondo albero lo ghermirono, proprio come quelli del primo, e lo scaraventarono di nuovo lontano.
"È proprio strano" disse Dorothy. "Che cosa facciamo, ora?"
"Sembra che gli alberi vogliano impedirci il passaggio a tutti i costi" constatò il Leone.
"Adesso provo io" disse l'Uomo di Latta e, facendosi scudo con la sua ascia, marciò verso il primo albero che aveva impedito allo Spaventapasseri di passare. Quando un grosso ramo si protese verso di lui per afferrarlo, gli vibrò un colpo tale che lo spezzò in due. L'albero cominciò a scuotersi e a tremare dal dolore e il Taglialegna approfittò di quel momento per passare sano e salvo dall'altra parte.
"Venite!" gridò agli altri. "Fate presto!"
Passarono tutti in fretta, senza danni, a parte Toto che venne afferrato da un rametto e scrollato finché non si mise a ululare. Il Taglialegna corse a recidere il ramo, liberandolo. Gli altri alberi della foresta non fecero niente per impedire il passaggio dei viaggiatori e questi pensarono che solo la prima fila di alberi avesse il potere di chinare e piegare i rami per tenere lontani gli stranieri, proprio come delle sentinelle ben addestrate. I quattro viaggiatori attraversarono il bosco fino alla fine senza altri inconvenienti. Poi però un altro ostacolo si parò davanti al gruppetto: un alto muro di porcellana liscio come la superficie di un piatto e molto alto.
"E ora che si fa?" disse Dorothy.
"Costruirò una scala" suggerì l'Uomo di Latta "e con quella riusciremo di certo a superare il muro."

20 Il Paese di Porcellana

Mentre l'Uomo di Latta era impegnato a costruire una scala con il legno raccolto nel bosco, Dorothy approfittò della sosta per mettersi a dormire, dato che la lunga camminata l'aveva affaticata. Anche il Leone si accucciò e lo stesso fece Toto, sdraiandosi vicino.

Lo Spaventapasseri guardò il Taglialegna mentre lavorava e gli disse: "Non riesco a capire che scopo abbia questo muro così alto. E non capisco neanche di che materiale sia fatto."

"Tieni a riposo il cervello" gli consigliò il Taglialegna. "Una volta che lo avremo scavalcato sapremo che cosa si trova dall'altra parte."

Dopo un po' la scala fu finita. Non aveva un bell'aspetto, era un po' sbilenca, ma il Taglialegna garantì che era solida e avrebbe fatto il suo dovere. Lo Spaventapasseri svegliò Dorothy, il Leone e Toto, e disse loro che la scala era pronta. Fu proprio lui a salirci per primo, ma era così goffo e impacciato che Dorothy pensò bene di stargli vicino per evitargli di cadere. Quando finalmente il fantoccio si affacciò oltre il muro, lo si sentì esclamare: "Capperi!"

"Su, muoviti" disse Dorothy.

Lo Spaventapasseri salì ancora qualche gradino e si mise a cavalcioni del muro. Quando fu il suo turno, Dorothy si affacciò ed esclamò proprio come lo Spaventapasseri: "Capperi!"

Poi fu la volta di Toto che, appena arrivato, cominciò ad abbaiare tanto che ci volle tutta l'energia di Dorothy per farlo tacere.

Per ultimi giunsero il Leone e l'Uomo di Latta; anche loro, in coro, si lasciarono sfuggire un sonoro: "Capperi!" una volta dato uno sguardo oltre il muro.

Seduti in fila sul ciglio del muro, tutti guardarono in basso e videro qualcosa di veramente straordinario.

Davanti a loro c'era una grande pianura liscia e abbagliante come il fondo di un gigantesco piatto. Qua e là sorgevano delle casette interamente in porcellana dipinte con colori vivacissimi: erano così minuscole che la più imponente arrivava a stento alla cintura di Dorothy. C'erano anche delle graziose stalle delimitate da steccati di porcellana; e sparse un po' dappertutto mandrie di mucche, pecore, cavalli, maialini e polli, tutto sempre in porcellana.

Ma la cosa più strana di tutte era la gente che viveva in quel bizzarro paese. C'erano mungitrici e pastorelle agghindate con corpetti dai colori vividi e pois dorati sulle gonne; principesse con sfarzosissimi abiti d'argento, viola e ocra; pastori con pantaloni alla zuava a strisce gialle, rosa e azzurre e fibbie dorate alle scarpe; principi con indosso mantelli d'ermellino, farsetti di satin e in testa corone ornate da pietre preziose; e pagliacci dalle guance paonazze con gonne plissettate e alti cappelli a punta. E, bizzarria fra tutte le bizzarrie, questa moltitudine era tutta di porcellana, abiti compresi, e ogni cosa era talmente minuta che la più alta non superava nemmeno il ginocchio di Dorothy.

Sul principio nessuno degnò di uno sguardo i viaggiatori, salvo un cagnolino di porcellana viola con un gran testone, che si portò, abbaiando, sotto il muro, per poi scappare via subito dopo.

"E ora, come scendiamo dall'altra parte?" chiese Dorothy.

La scala era talmente pesante che non riuscirono nemmeno a sollevarla. Allora lo Spaventapasseri si calò per primo e disse agli altri di saltargli sopra, così avrebbero evitato di farsi male cadendo sul terreno duro.

E infatti così fecero, badando bene a non saltargli sulla testa per non pungersi con gli spilli. Quando tutti furono a terra sani e salvi, sollevarono lo Spaventapasseri e gli ridiedero la forma originaria visto che, a forza di saltarci sopra, il corpo gli si era appiattito.

"Dobbiamo attraversare per forza questo strambo paese per arrivare dall'altra parte" disse Dorothy, "sarebbe imprudente procedere in una direzione diversa dal sud."

Poi, tutti insieme, si incamminarono lungo le strade di porcellana. La prima persona che incontrarono fu una mungitrice che tirava il latte a una mucca anch'essa in porcellana. Vedendo quegli estranei avvicinarsi, l'animale cominciò immediatamente a scalciare rovesciando secchio, sgabello e mungitrice, e facendo un gran tonfo sul pavimento di porcellana.

Dorothy, costernata, si accorse che la mucca si era spezzata una zampa, che il secchio era andato in mille pezzi, mentre la mungitrice aveva una crepa sul gomito sinistro.

"Guardate un po' che cosa avete combinato!" strillò la donnina. "La mia mucca si è rotta una zampa e dovrò portarla a farla riparare con la colla. Che senso ha venire qui e spaventare la mia mucca?"

"Scusaci, siamo molto dispiaciuti" disse Dorothy.

Ma la mungitrice era troppo arrabbiata per rispondere. Raccolse la zampa da terra e si allontanò imbronciata, seguita dalla mucca che provava a saltellare con le tre rimaste.

Dorothy si rattristò molto per quell'incidente.

"Dovremo fare molta attenzione, d'ora in avanti" l'avvertì il Taglialegna dal cuore tenero "o faremo davvero perdere la pazienza a questa gente."

Poco più avanti Dorothy incontrò una giovane principessa sontuosamente vestita che dapprima lanciò un'occhiata perplessa agli stranieri, poi fece per scappar via. La ragazzina invece voleva ammirarla, così le corse dietro. Ma quella non era dello stesso avviso e infatti gridò: "Non inseguirmi! Non farlo!"

Aveva una vocina così spaventata che Dorothy si fermò e le chiese il perché.

"Perché se corro" rispose la principessa a debita distanza "potrei cadere e rompermi."

"Ma qualcuno potrebbe riaggiustarti, no?" insistette Dorothy.

"Certo; ma dopo non sarei più graziosa come prima, capisci?"

"Hai ragione. Credo proprio di no" disse Dorothy.

"Per esempio c'è il signor Joker, uno dei nostri pagliacci" riprese la piccola principessa, "che è sempre occupato a cercare di tener attaccata la testa al resto del corpo. È andato in pezzi tante di quelle volte che ora è un'accozzaglia di riparazioni e non si può certo dire che sia carino. Guarda, sta venendo da questa parte, così lo potrai vedere con i tuoi stessi occhi."

Effettivamente, un piccolo pagliaccio di porcellana stava avvicinandosi e Dorothy dovette ammettere che, nonostante i colori vivacissimi del suo vestito giallo, rosso e verde, le numerose crepe che lo ricoprivano da capo ai piedi, segno delle innumerevoli riparazioni, non potevano essere nascoste.
Il pagliaccio si mise le mani in tasca e dopo aver gonfiato le guance e inclinato la testa verso di loro, declamò sfrontato: "Che sguardo strano, forse paura ti faccio? Oh non devi temere, sono solo un pagliaccio. E ora chiudi la bocca, che sembri un'allocca!"
"Taci!" lo rimproverò la principessa. "Non vedi che sono forestieri? Non si dovrebbe mancar loro di rispetto!"
"Cospetto, ma questo è rispetto!" ribatté il pagliaccio, mettendosi ritto sulla testa.
"Non badare al signor Joker" disse la principessa, rivolta a Dorothy. "Ha la testa piena di crepe e per questo è un po' picchiatello."
"A me piace anche così" la rassicurò Dorothy. "E tu sei così bella che già sento di volerti bene. Ti piacerebbe venire con me nel Kansas? Faresti una magnifica figura sulla mensola del caminetto in casa di zia Em. Potrei metterti nei mio cestino."
"Non posso, sarei molto infelice" replicò la principessa. "Vedi, in questo paese si vive sereni e contenti; tutti possiamo muoverci e andare ovunque senza pericolo. Ma se veniamo portati da un'altra parte, diventiamo rigidi e non possiamo più muoverci e tutto quello che ci è concesso di fare è restare immobili e farci ammirare. Naturalmente questo è quello che la gente si aspetta da noi quando siamo sui tavoli e sulle mensole dei caminetti, ma le nostre vite sono di sicuro migliori qui, nel nostro paese."
"Mai e poi mai vorrei renderti infelice" disse Dorothy. "Ti lascio solo un caro saluto."
"Addio e buon viaggio" rispose la principessa.
I quattro ripresero quindi il cammino lungo la strada di porcellana. Al loro passaggio, per paura di essere urtati e ridotti in pezzi, persone e animali si facevano da parte. Dopo un'ora, più o meno, avevano attraversato tutto il paese e si trovarono davanti a un altro

muro di porcellana. Era liscio come quello che avevano superato, ma, per fortuna, più basso. Così, tutti salirono in groppa al Leone e si arrampicarono senza fatica fino in cima. Poi anche il Leone saltò il muro con un gran balzo. Purtroppo però, la sua coda sbatté contro una chiesetta di porcellana e la ridusse in pezzi.

"Questa è stata proprio una cattiveria!" si rammaricò Dorothy, "però, a pensarci bene, siamo stati fortunati a cavarcela solo con la rottura della zampa di una mucca e di una chiesa in questo fragilissimo paese."

"Eh, sì, hai proprio ragione" commentò lo Spaventapasseri. "Vuoi sapere una cosa? Sono proprio contento di essere di paglia, così nessuno potrà rompermi. Ci sono cose peggiori al mondo che essere uno spaventapasseri."

21 Il Leone diventa re degli animali

Oltrepassato il muro di porcellana, i viaggiatori si trovarono in un posto non molto piacevole, pieno di paludi e acquitrini e ricoperto di erbacce fetide. Era difficile procedere senza cadere in qualche buca melmosa ben nascosta tra quelle erbe alte. Ma facendo molta attenzione, procedettero sani e salvi fino a raggiungere un terreno più solido. Ma lì la terra diventò ancora più selvaggia e dopo un lungo e faticoso cammino tra il sottobosco si trovarono davanti alla foresta più antica che avessero mai visto.

"È davvero una foresta magnifica!" disse il Leone, guardandosi intorno con aria felice. "Non ho mai visto un posto più bello nella mia vita."

"A me sembra piuttosto lugubre" disse invece lo Spaventapasseri.

"Neanche un po'" fece il Leone. "Io ci vivrei tutta la vita. Senti come scricchiolano dolcemente sotto i piedi le foglie secche, guarda com'è verde e soffice il muschio che cresce su quei vecchi tronchi. Nessun animale selvaggio potrebbe sognare un posto più piacevole per vivere."

"Forse da queste parti ci sono delle belve feroci" disse Dorothy.

"Suppongo di sì" rispose il Leone. "Ma per ora non ne ho viste."

Camminarono nella foresta finché divenne troppo buio per andare oltre. Allora Dorothy, Toto e il Leone si misero a dormire per terra, mentre l'Uomo di Latta e lo Spaventapasseri facevano da sentinelle, come al solito.

Ripartirono allo spuntar del giorno. Prima di aver percorso un lungo tratto, sentirono un rumore sordo e cupo, come il ringhio di molte belve feroci. Toto mugolò un po', ma gli altri non ci fecero caso e proseguirono lungo il sentiero ben segnato fino a giungere a una radura nel bosco dove erano radunati centinaia di animali di ogni razza e tipo: tigri, elefanti, orsi, lupi, volpi e tutti gli altri animali feroci. Per un attimo Dorothy fu presa dalla paura. Ma il

Leone le spiegò che erano impegnati in una discussione e dedusse dai loro versi che erano proprio nei guai. Ma non appena il Leone si mise a parlare, tutti lo guardarono e tacquero come per incanto. La tigre più grande avanzò verso di lui e si inchinò, dicendo: "Sii il benvenuto, Re degli Animali. Arrivi proprio in tempo per combattere il nostro nemico e riportare la pace nella foresta".
"Chi è che vi minaccia?" chiese il Leone calmo.
"Un mostro terribile, arrivato da poco nel bosco. Assomiglia a un ragno, con il corpo enorme come quello di un elefante e le zampe lunghe come tronchi d'albero. Si aggira nella foresta e con le sue otto zampe afferra qualsiasi animale gli capiti a tiro per farne un solo boccone, come fa il ragno con le mosche. Nessuno di noi potrà dirsi al sicuro finché il mostro continuerà a essere vivo. Abbiamo convocato questa riunione proprio per decidere come difenderci quando sei arrivato tu."
Il Leone rifletté un momento.
"Ci sono altri leoni in questa foresta?" chiese.
"No. Ce n'era qualcuno, ma il mostro li ha divorati tutti. E poi nessuno era grande, grosso e coraggioso come te."
"Se riuscirò a uccidere il mostro, voi poi vi sottometterete a me chiamandomi il Re della Foresta e mi obbedirete?"
"Ne saremo felici" assicurò la tigre. E tutti gli altri animali ruggirono insieme: "Sì, ne saremo davvero felici".
"E dov'è adesso il vostro ragno?" domandò il Leone.
"Laggiù, tra le querce" rispose la tigre indicando il luogo con la zampa anteriore.
"Allora voi prendetevi cura dei miei amici. Io andrò subito a sfidare il mostro."
E, salutati i compagni, il Leone marciò baldanzoso verso le querce per dare battaglia al nemico.
Il grande ragno stava dormendo quando il Leone lo trovò. Era una creatura tanto orribile che l'avversario arricciò il naso, disgustato. Aveva le zampe lunghe come aveva detto la tigre e il corpo ricoperto di una ruvida peluria scura. La grande bocca aveva denti lunghi e

aguzzi e la testa era unita al tronco tozzo da un collo sottile come la vita di una vespa. Quel particolare suggerì al Leone il modo migliore per attaccare l'orribile creatura. Sapeva che sarebbe stato più facile sconfiggerla se l'avesse sorpresa nel sonno, spiccò un gran salto e le atterrò proprio sulla schiena. Poi, le sferrò una zampata coi suoi artigli aguzzi e le staccò di netto la testa dal corpo. Dopo esser saltato giù, il Leone rimase a guardare fino a che le lunghe zampe non finirono di muoversi e lui seppe che finalmente era morta.
Infine tornò nella radura dagli animali della foresta che lo aspettavano con il fiato sospeso e disse: "Non dovrete più temere il mostro". Allora gli animali si inchinarono davanti al Leone e lo elessero Re della Foresta. Lui promise che sarebbe tornato a prendere possesso della sua nuova carica non appena avesse visto Dorothy partire sana e salva per il Kansas.

22 Il paese dei Quadling

I quattro viaggiatori attraversarono la foresta senza ulteriori incidenti e, quando il bosco finì, si trovarono di fronte a una ripida collina rocciosa.

"Non sarà facile scalarla" disse lo Spaventapasseri, "ma dobbiamo comunque arrivare in cima."

Così si fece avanti per primo e cominciò ad arrampicarsi, seguito dagli altri. Erano quasi arrivati in cima alla prima roccia, quando sentirono una voce gridare con forza: "Andate via!"

"Chi ha parlato?" chiese lo Spaventapasseri.

Dall'alto fece capolino una testa e la solita voce disse: "Questa collina ci appartiene e non permettiamo a nessuno di superarla".

"Ma noi dobbiamo passare!" ribatté lo Spaventapasseri. "Dobbiamo andare al paese dei Quadling."

"Non lo farete!" gridò la voce e, subito dopo, da dietro le rocce uscì l'uomo più strano che avessero mai visto. Era piccolo e tarchiato e aveva una grande testa piatta in cima che poggiava su un collo rugoso e tozzo. Non aveva le braccia e così lo Spaventapasseri pensò che non ce l'avrebbe mai fatta a impedire loro la scalata della collina e disse, sfrontato: "Mi dispiace di non poter fare come tu dici, ma dobbiamo assolutamente superare questa collina, che tu lo voglia o no".

Come spinta da una molla, la testa piatta dell'uomo scattò in avanti mentre il collo si allungava, fino a colpire lo Spaventapasseri e a farlo ruzzolare giù per la collina. Poi, in un attimo, la testa tornò nella stessa posizione di prima. L'uomo fece una risatina maligna e disse: "Non è facile quanto pensi!"

Altre risate si alzarono da dietro le rocce e Dorothy vide centinaia di Teste Martello prive di braccia sbucare su ogni roccia.

Il Leone si innervosì a quegli sghignazzi e balzò su per la collina ruggendo forte come un tuono. Un istante dopo lui pure rotolava verso il basso, come se fosse stato colpito da una palla di cannone.

Dorothy corse ad aiutare lo Spaventapasseri a rimettersi in piedi e il Leone la raggiunse, pesto e dolorante.
"È inutile combattere con gente che ha teste così terribili. Nessuno può sconfiggerli" disse il Leone.
"Che cosa possiamo fare allora?" domandò Dorothy.
"Chiama le Scimmie Alate" suggerì l'Uomo di Latta. "Hai ancora un incantesimo da usare."
"Molto bene!" rispose Dorothy e, indossato il berretto dorato, pronunciò le magiche parole. Le Scimmie Alate accorsero subito in gran numero.
"Quali sono i tuoi ordini?" disse il Re, inchinandosi profondamente.
"Portateci oltre questa collina, nel paese dei Quadling" si pronunciò la bambina.
"Sarà fatto" rispose il Re e immediatamente le Scimmie Alate afferrarono Dorothy, lo Spaventapasseri, l'Uomo di Latta, il Leone e Toto e si alzarono in volo. Vedendole passare sopra la collina, le Teste Martello gridarono di rabbia e frustrazione tentando invano di colpirli proiettando le teste in avanti. Ma le Scimmie Alate volavano troppo in alto per loro e così Dorothy e i suoi amici giunsero sani e salvi nel bellissimo paese dei Quadling.
"Questa era l'ultima volta che siamo venuti in tuo soccorso" le ricordò il Re. "Perciò ti dico addio e ti auguro buona fortuna."
"Addio e tante grazie" rispose Dorothy, e le Scimmie Alate si alzarono in volo e scomparvero dalla sua vista in un batter d'occhio.
La terra dei Quadling era davvero deliziosa. C'erano campi di grano maturo tagliati da strade ben pavimentate e robusti ponti gettati sopra limpidi torrenti. Recinti, case e ponti erano di un bel colore rosso, così come erano gialli nel paese dei Winkie e azzurri in quello dei Munchkin. Anche gli abitanti, grassi e bassi di statura, avevano un aspetto allegro e rubicondo ed erano vestiti di un rosso che spiccava sul giallo oro del grano e sul verde dell'erba.
Le Scimmie Alate avevano deposto Dorothy e i suoi amici vicino a una fattoria, e loro subito decisero di bussare alla porta.
Venne ad aprire una donna e, quando Dorothy le chiese ospitalità,

subito si affaccendò a preparare un buon pranzetto con tre tipi diversi di torte e quattro di pasticcini. A Toto invece toccò una ciotola colma di latte.

"Quanto è lontano il castello di Glinda?" chiese la bambina.

"Non molto. Prendete la strada che porta a sud e presto lo troverete" le rispose la moglie del contadino.

Ringraziata la brava donna, la comitiva si rimise in cammino. Attraversarono prati, superarono ponti e finalmente videro un magnifico castello. Davanti al portone c'erano tre belle fanciulle vestite con delle uniformi rosse intrecciate d'oro. Una di loro chiese: "Perché siete venuti nel Paese del Sud?"

"Per vedere la buona strega che lo governa" rispose Dorothy. "Ci porterete da lei?"

"Ditemi i vostri nomi e chiederò a Glinda se vuole ricevervi."

Ciascuno disse il proprio nome e la ragazza in divisa entrò nel castello. Dopo poco fu di ritorno e disse loro che Glinda li avrebbe ricevuti immediatamente.

23 Glinda esaudisce il desiderio di Dorothy

Prima di essere ammessi alla presenza della Strega Buona del Sud, i quattro vennero portati in una stanza del castello. Dorothy si lavò il viso e si pettinò, il Leone scrollò la polvere dalla sua criniera, lo Spaventapasseri si dette una sprimacciata per dar forma alla sua paglia, e l'Uomo di Latta si lucidò e unse ben bene le articolazioni. Quando furono ben tirati a lucido, seguirono la ragazza con l'uniforme rossa e oro fino a una sala dove la Strega Glinda li attendeva, seduta su un trono costellato di rubini. Ai loro occhi era giovane e bella: aveva i capelli colore del fuoco che le ricadevano in lunghi boccoli sulle spalle, occhi azzurri e pelle candida. Anche il vestito era bianco candido.

"Che cosa posso fare per te, bambina?" chiese gentilmente a Dorothy.

Allora lei raccontò la sua lunga storia: come il ciclone l'aveva portata nel paese di Oz, come aveva incontrato i suoi compagni di viaggio e come, tutti insieme, avevano vissuto una serie di avventure straordinarie. E concluse: "Ora il mio più grande desiderio è quello di tornare nel Kansas. Zia Em penserà che mi sia accaduta qualche disgrazia, magari si è già messa in lutto. Ma se il raccolto non è stato migliore dell'anno scorso, zio Henry non può certo permettersi le spese di un lutto".

Glinda si chinò e, commossa, baciò Dorothy sulle guance.

"Sei una bambina dolcissima e sono certa che troverò il modo di rimandarti in Kansas. Però, vorrei qualcosa in cambio: il tuo berretto d'oro."

"Molto volentieri! Tanto più che a me ormai non serve più: ho già espresso i miei tre desideri con le Scimmie Alate. Tu, invece, potrai ancora chiamarle per ben tre volte."

"E infatti proprio per tre volte avrò bisogno del loro aiuto" disse Glinda con un sorriso.

Dorothy le consegnò il berretto. Poi Glinda chiese allo Spaventapasseri: "E tu che cosa farai quando Dorothy sarà tornata a casa?"

"Vorrei tornare alla Città di Smeraldo perché Oz mi ha nominato suo governatore e gli abitanti mi amano. L'unica cosa che mi preoccupa è attraversare di nuovo il paese delle Teste Martello."

"Allora ricorrerò al berretto d'oro per chiamare le Scimmie Alate e chiedere loro di trasportarti al di là della collina" disse Glinda. "Sarebbe un peccato privare quel popolo di un governatore così straordinario."

"Davvero pensi che io sia straordinario?" domandò lo Spaventapasseri.

"Sei fuori del comune" disse la strega buona.

Poi Glinda si rivolse all'Uomo di Latta: "E tu, che ne sarà di te quando Dorothy lascerà il paese?"

Il Taglialegna si appoggiò all'ascia, rifletté per un istante, poi disse: "I Winkie sono stati molto gentili con me e dopo la morte della perfida Strega dell'Ovest mi hanno chiesto di diventare il loro sovrano. Mi piace quel popolo. Se solo riuscissi a tornare da loro, sarei onorato di salire sul trono".

"Ricorrerò una seconda volta alle Scimmie Alate e ordinerò loro di riportarti nel paese dei Winkie" disse Glinda. "Tu non avrai un cervello come quello dello Spaventapasseri, ma devo ammettere che sei più brillante di lui, quando sei ben lucidato, e sono certa che sarai un ottimo re per quel popolo."

Poi Glinda chiese al Leone arruffato: "E che ne sarà di te quando Dorothy se ne sarà andata?"

La risposta fu pronta e senza esitazioni. "Oltre la collina delle Teste Martello si stende una magnifica foresta: gli animali selvaggi che vi abitano mi hanno eletto loro re e io vorrei tanto stabilirmi là e restarci per tutta la vita."

"Il mio ultimo comando alle Scimmie Alate" disse Glinda "sarà quello di condurti nella tua foresta. Poi donerò il berretto d'oro al Re delle Scimmie, così lui e il suo popolo saranno liberi per sempre."

Lo Spaventapasseri, l'Uomo di Latta e il Leone ringraziarono calorosamente la strega per la sua bontà.

Dorothy, invece, disse: "Tu, sei tanto buona quanto bella e hai reso felici i miei compagni, ma non mi hai ancora detto come mi farai tornare nel Kansas".

"Le tue scarpette d'argento ti condurranno attraverso il deserto" rispose Glinda. "Se tu ne avessi saputo il potere, avresti potuto tornare da zia Em il giorno stesso del tuo arrivo."
"Ma io non avrei mai avuto il mio meraviglioso cervello!" disse lo Spaventapasseri. "E sarei rimasto per tutta la vita appeso a un palo in un campo di granoturco!"
"E io non avrei avuto il mio tenerissimo cuore" aggiunse l'Uomo di Latta. "E sarei rimasto nel bosco, immobile e coperto di ruggine fino alla fine dei tempi."
"E io sarei rimasto per sempre un codardo!" terminò il Leone. "E nessun animale della foresta avrebbe mai avuto per me una parola buona."
"È vero" ammise Dorothy. "E io sono davvero contenta di aver fatto qualcosa per i miei amici. Ma ora che ciascuno ha ottenuto ciò che più desiderava e ha avuto un regno da governare, io vorrei tanto tornare nel Kansas."
"Le scarpette d'argento hanno dei poteri davvero straordinari" spiegò Glinda. "Sono in grado di portarti in qualsiasi parte del mondo con soli tre passi. Basterà che tu batta i tacchi per tre volte e pronunci il nome del luogo che vuoi raggiungere e loro ti ci porteranno in tre batter d'occhi."
"Se è così" disse Dorothy felice. "Io voglio raggiungere subito il Kansas."
Abbracciò il Leone e lo baciò, accarezzandogli la criniera arruffata; baciò anche l'Uomo di Latta che piangeva calde lacrime con il rischio di arrugginirsi le articolazioni, non baciò invece lo Spaventapasseri per paura di rovinargli il viso dipinto, strinse solo a sé il morbido corpo di paglia. E anche lei, come il Taglialegna, piangeva perché le dispiaceva separarsi dai suoi amati compagni.
Glinda, la strega buona, scese dal trono di rubini e, mentre Dorothy la ringraziava, le dette un bacio di addio.
Infine Dorothy prese in braccio Toto, salutò gli amici per l'ultima volta, poi batté per tre volte i tacchi delle scarpette d'argento e disse a voce alta: "Portatemi a casa da zia Em".

Un attimo dopo volteggiava nell'aria a una tale velocità che tutto quel che poteva vedere e sentire era il vento fischiarle nelle orecchie. Le scarpette d'argento fecero solo tre passi e si fermarono così bruscamente che Dorothy rotolò sull'erba più e più volte, prima di riuscire a capire dove mai si trovasse. Alla fine si fermò, si mise a sedere e si guardò intorno. "Oh, misericordia!" esclamò.

Si trovava nella grande prateria del Kansas e proprio davanti a lei si ergeva la fattoria nuova costruita da zio Henry dopo che il ciclone aveva fatto volar via quella vecchia. Lo zio stava mungendo le mucche nel cortile e Toto era saltato giù dalle braccia di Dorothy e gli stava correndo incontro, abbaiando festosamente.

Dorothy allora si alzò in piedi e si accorse di essere scalza. Le scarpette d'argento le erano cadute dai piedi durante il volo e si erano perdute nel deserto per sempre.

24 Finalmente a casa

Zia Em era appena uscita di casa per andare a innaffiare i cavoli quando alzò lo sguardo e vide Dorothy che le correva incontro.
"Bambina mia!" esclamò, stringendola forte tra le braccia e coprendole il viso di baci. "Dove sei stata tutto questo tempo?"
"Vengo dal regno di Oz" rispose Dorothy in tono solenne. "E c'è anche Toto con me. Oh, zia Em! Sapessi come sono felice di essere tornata a casa!"

Indice